今天我們
來玩什麼？

藝術治療師 邱寶慧——著

創作、遊戲、律動、閱讀，
全面引領出孩子的智性潛能

〈自序〉

最貼近彼此的教養：從眞實豐富的生活中體會愛與初衷

　　每本書的背後都有一個故事。不諱言地說，這本書始於我對如何解釋自己的治療方式出現了障礙，扎實且漫長的學習和自身的成長經驗，使我了解到藝術是如何感動了我、啟發了我。在這十幾年與孩子互動和療癒的工作中，我發現豐富多變的創作、遊戲和自由的律動，使深藏在孩子內心的語言有了表達的工具和線索，讓我能夠從中觀察到他們的情緒與需求，當我依循著相似的頻率去連結彼此內在的生命故事時，孩子能感受到被了解的快樂，並願意讓我知道得更多。當他們覺得自己被眞心地接受時，便能油然升起改變的力量，以更穩定且更快的步伐踏上繼續成長的道路。

　　但是，這些天馬行空的創作、遊戲、律動和故事應該如何透過文字清楚地分享給大家？最適合被挑選出來的親子活動是哪些呢？在書寫的過程中，我發現這不是件容易的事。因為陪伴孩子成長最大的挑戰就在於孩子的變化速度很快，每一個階段都有不同的煩惱與問題，但也因為生命的樣貌不斷地翻新，所以期待自己能夠願來越好、對他人也越來越重要。為著能夠完成一本可以持續著陪伴孩子長大的親子互動工具書，我有機會重新整理這十幾年的工作經驗，甚至有機會重新檢視自己的成長過程。

　　令我欣慰的是，在這段書寫的過程中，我除了逐漸明白，為什麼有的孩子遭遇到的困難我可以很快地幫助他們突破、有的卻無法，有的達到了前一個階段的目標，卻在前進到新的階段時卡關、有的我曾在初期誤判了方向、或者雖然成功了但卻是誤打誤撞，不知是哪一句話或哪一件事為孩子帶來了積極的治療效果與關鍵。當我檢視這段過程，就如同重新走過從心理師到治療師到如今定位為心理工作者的角

色，我一度依靠症狀的診斷、也曾不信診斷，直到現在症狀與診斷在我的工作中不再凌駕於「人」之上，而可以是有助於我幫助孩子的工具，但不會是限制我看見孩子的道具。

驚喜與解惑在這段期間不斷收穫；但不安與愧疚的心情更常此起彼落。如果，我更早些察覺，或許有些孩子或家庭能在與我的工作中得到更多。因此我在書中對於每個創作、遊戲、律動或繪本的使用和效果都特別加以說明，才能夠達到此書培養孩子透過學習經驗、環境條件去強化心理素質的目的；尤其因應在不同個性的孩子上可能需要注意的重點，希望透過清楚的經驗分享，使爸媽在與孩子輕鬆的互動之中，亦能教學相長，營造更正向的親子關係。**謝謝一起工作過的孩子與家長們等我成長，給我機會彌補過去的撞牆期；這使我更珍惜現在的生活，也更支持我助人的夢想，我始終相信即使是從挫折中學到的經驗也都是值得的。**

這樣的想法，一方面源自於我的青春期很長，花了很多時間找自己，但我也發現：這樣跌跌撞撞的成長過程，其實沒有什麼不好。過去我不敢訴說自己在成長過程中尷尬的部分，直到近幾年我發現把自己的蛻變與孩子與家長們分享亦能鼓勵大家充滿希望。記得小時候參加元宵燈會，因為主持人沒聽到我說的正確答案，可以在現場哭好幾個小時到晚會結束；雖然求學過程中因為資優保送而不用聯考，可是我花了 7 年才讀完大學；工作後因為不敢上大眾媒體，曾經一邊錄音一邊用尺刮桌子，搞砸了人生第一次廣播；讀書和工作生涯讓無數導師或主管申請調校、提前退休或者離職……都曾經令我對於情緒控制和期待自己的成就和表現，幾度感到絕望。

可是一團亂的人生，慢慢理，也能理出頭緒來。透過藝術、遊戲、瑜伽、說故事和寫故事，我發現用不同的方法表達、啟迪和改變自己的生活，可以重新體會生命成長的美好與奧妙。

而且我很幸福也很感恩，這一路上有人和我一起理。是父母的教育、手足的扶持，以及朋友的鼓勵，讓我覺得尋求改變的道路並不孤單，

就如同我常說孩子們在蛹化的過程，更需要同理的陪伴、溫暖的等待與由衷的祝福。

如今回首，那些過往人生的不良紀錄，讓我更懂得活在當下，也更投入傾聽、研究、學習和分享親子教養、心理治療與輔導的工作。

因此如果有人問我，這份工作最大的挑戰是什麼？那是每當我發現新的機會與融會貫通後，過去所做的一切都可以相對是錯的；如何面對自己犯過的錯，讓乾涸的泥土再重新開出花，而花開花謝之後，接受一個階段的結束，才能有真的開始，是我今生的業，也是此生的果。

此書的完成對我來說最大的收穫在於：突破了過去解釋親子教養時曾出現的盲點，並終於能夠透過文字完成一本可以持續地讓爸媽陪伴孩子長大的工具書，這是回饋給在過去、現在和未來與我一起成長的孩子與家長最大的禮物。

最後感謝在這一段時間持續協助此書問世的編輯團隊，感恩推薦我進入方智圓神這個大家庭的王宏哲治療師、再次合作的插畫家藍琦雲（妞妞）、和協助插畫及道具製作的廖莛臻小姐與陳嘉豐先生，也謝謝提供我書寫建議的嚴瀠耙小姐。此外，特別感謝賴志豪遊戲設計師不藏私地傳授了遊戲哲學與技巧，並協助完成本書遊戲審訂的工作。

玩藝術，建構美好的親子關係

國立台北藝術大學學生諮商中心主任　許皓宜

　　初識寶慧是在電視台，當時，她已是常上媒體的專家，我是個媒體新手，我們在教養節目上相遇，各自帶著專業而來，卻忍不住用專業交手。當時與寶慧尚未談話深交，但我的感受是——這果然是個認真有想法的專業人。

　　之後相遇仍是在電視台，但這次我們多了交談的機會。我知道寶慧是如何放下醫院的穩定工作，投入社區協助更多需要幫助的兒童。我從她眼裡讀到熱情，我理解她是從自己感同身受的經驗出發，冒險去做一個真正的助人者。

　　在學校教書的我，不只羨慕寶慧有這樣的魄力，更清楚這樣一個散發熱情、具有同理心的助人者，下筆行文肯定是自己經驗與體會後的心血結晶。於是我抱著這樣的心情閱讀了寶慧的新書——《今天我們來玩什麼？》。

　　這是一本不同於其他遊戲或潛能開發的書，從寶慧的文字裡，我知道這是一本「實務體會」之書——寶慧用心理學中，對於兒童發展上極為重要的議題：自己、環境、愛與關係，最後帶出兒童成長中必然歷經的生命課題。令我感動的是，寶慧透過自己多年來在實務上與兒童們的交會，將這些過程及所用的專業方法記錄下來，轉化成家長們能理解的方式，不只帶我們學習與孩子「玩」，更是進到孩子的心裡去貼近孩子。

　　不同於教師、也不是胡亂打著潛能開發的旗號，寶慧是一個真正的藝術治療工作者。藝術被很多人視為自我療癒的一個管道，但透過寶慧的專業，我們將發現，藝術療癒的內涵可以幫助孩子表達，也幫助家長在教養上更加柔軟、更使得上力。寶慧在書裡不只告訴大家，可以如何

運用家裡就有的媒材來教育、甚至幫助孩子，還運用她的專業，告訴大家該如何透過藝術來理解孩子。這不是我們一般玩的心理測驗而已，試想，當我們能透過孩子的畫讀懂他們的心，是不是會免除許多親子溝通上的焦慮？

　　《今天我們來玩什麼？》這本有趣又感人的書籍，不僅是本教養書、遊戲書，更是一個專業人員的實務分享。希望我們從裡頭都學習到：如何靠近、理解孩子，以及如何支持他們，成為孩子成長中最美好的避風港。

有益孩子心智發展的實用工具書

中山醫學大學精神科醫師　朱柏全

　　從事精神科臨床工作多年，接觸無數大朋友小朋友患者，從診斷到治療，常面臨許多難題。精神科無法像內外科能充分仰賴儀器檢查或實驗室檢驗來協助診斷，多半須靠醫師過去經驗及訓練，通常精神科初診常需耗費半小時以上與病人及家屬晤談以助正確診斷，即便如此，診斷之準確仍常遭逢考驗，尤其是小病人。試想大人之診斷難度已如此高，更何況無法乖乖配合的小朋友，例如好動若注意力不足過動症的孩子，甚至自閉症難度可能更高，醫師若沒兩把子刷子，他們是不可能乖乖坐好聽醫師說什麼，完全不理會更是家常便飯。非自我吹噓，我自認面對小病人已算有一套了，但有時絕招獻盡依舊吃鱉，亦是常有之事。

　　談到診斷已如此艱難，治療又是另一棘手難題。小朋友許多身心問題無法像大人一樣單純用藥物來治療即可，即使一般心理治療許多小朋友也可能無法配合。簡單來說，若讓孩子覺得無聊，就無法吸引他們注意，診斷跟治療就會出現困難。

　　很開心寶慧老師以她多年經驗出版了新書《今天我們來玩什麼？》。我所認識的寶慧是一個對工作及生命充滿熱情的專業治療師。本書可說貢獻寶慧多年心血，包含心理治療基礎加上遊戲及藝術治療概念，強調以創作、遊戲、律動、閱讀，全面引領出孩子的智慧潛能。仔細讀完此書，發現過去臨床工作所遇到之難題已解決大半。以個人經驗對照此書，發現本書可成為專業人員包括精神科醫師、小兒心智科醫師、心理師及相關專業很好的工具，對於家長而言，若能細讀它，相信對孩子發展及教養問題有極大助益，更能增近親子關係。

　　在寶慧老師帶領之下，好好閱讀此書並勤加練習，相信對小朋友的心智發展及家庭和諧有很大的幫助。

全身都散發正面能量的女子

超級電視台節目部監製 嚴瀠秜

　　認識寶慧是一個機緣，那時在監製超級電視台由侯昌明、黃文華主持的《請你跟我這樣過》節目，因為節目的親子教養項目，非常需要在教養領域裡的一些新觀念和新方法的專家，於是我四處打聽之下，得到大家的推薦答案是：台安醫院的表達性藝術治療中心辦得很不錯。因此我直接打去醫院，請他們推薦好的藝術心理師，他們的回答：那就一定是邱寶慧囉！因此開啓了我對兒童早教治療的認識，也幸運的認識了這位從內心真正愛孩子，關心孩子，自己的某部分更像孩子，全身都是正面能量的藝術心理治療師──邱寶慧！

　　之後我在電視台承接一個新的任務，要製作一個兒少節目，我想到認知型、說故事型的兒童節目已經很多，不缺我再做一個了，到底做什麼類型的兒童節目，能真正幫助到家長，進而幫助到兒童，而不是那種小孩看了哈哈笑而爸媽一點也不在乎的內容，於是一個親子共學的兒少節目「超級小英雄」誕生了，而寶慧在節目裡把藝術塗鴉作品變成兒童的心理測驗，在短短 10 分鐘的單元，讓爸媽跟孩子很簡單清楚地了解彼此的內心跟特質，讓家庭裡教養的距離縮短，「對症下藥」的親子溝通，就跟高鐵一樣快速順暢。大家一定都沒想到，寶慧除了是藝術心理師之外，還是領有瑜伽執照的瑜伽老師，鑒於現在孩子的運動量少，親子互動接觸缺乏，寶慧的親子瑜伽單元，真的是身為四歲孩子的媽的我，非常極力推薦的！

　　孩子智性潛能的最佳引導，就是玩遊戲。以前我覺得小孩畫畫就畫畫啊！頂多是拿個 xx 單位主辦的寫生比賽特優，更了不起去念大學藝術科系、甚至當教授或當畫家，完全不懂：其實孩子畫的圖畫是在跟大

人的世界溝通，他們小小的年紀有很多事不會表達、說不清楚，孩子們隨手塗鴉的內容、顏色、構圖、布局……甚至裡面的故事，都是「有跡可循」的。一張你以為不怎麼樣的塗鴉，往往裡面是一個孩子的內心大宇宙，如果家長們可以透過學習、了解，其實你就不會失去方向或是迷航。這是我認識每天笑容像太陽一樣燦爛的寶慧之後，慢慢學習領悟到的。

當我有了孩子，他漸漸長大真的就發現，傳統的教養方式只會教出制式的孩子，如何依他的氣質個性去引導，激發孩子最大的潛能真的就是玩。

寶慧這次孕育了一年，將她這麼多年和孩子相處的教學經驗集結篩選，配套出創作、遊戲、律動、閱讀全方啓動勾引孩子內心的大潛能，讓爸媽在家就可以開發孩子的智性潛能，讓忙碌的爸媽省去週末在家跟孩子大眼瞪小眼，帶好孩子的教養指南！

Q&A
在開始閱讀和使用這本書之前，
你也許想知道……

【關於活動】

Q1. 如何開始與孩子一起「玩」這本書呢？

在開始活動之前，請爸媽先詳讀創作、遊戲、律動或閱讀學習單上的執行規則、重點和需要特別注意的事項。最重要的一點，爸媽在釋放出邀請孩子共同參與的訊息後，「得先學會怎麼把話說清楚」，提供幾個簡單的原則：

一、詢問孩子準備好了嗎？

二、說話的時候，要眼神專注；

三、配合孩子的年齡，以孩子聽得懂的文字且能夠吸引注意力、引起興趣的語氣和孩子說明材料、道具及流程；

四、隨時確認孩子聽得懂說明的內容；

五、鼓勵孩子提出問題，一起動動腦想出解決的辦法；

六、如果孩子不想玩，就別強迫他，改天再找機會或更換成其他親子活動。

七、當爸媽與孩子一起完成，請記得一起慶祝或表示開心，可以告訴孩子你很喜歡與他相處的時光。

最能夠與孩子一起同樂的方法無他，就是讓自己也像個孩子一樣，用心投入每一個過程，找尋自己最喜歡的片段，再次體驗童年時光的美好。

Q2. 本書提供什麼幫助呢？

本書收錄了親子可共同參與的 20 個創作活動、20 種遊戲、20 個適合兒童或親子互動的瑜伽動作、建議的繪本及其可運用的 20 則學習單，並規畫父母可以深入理解的相關延伸閱讀，佐以實際的故事與父母分享治療的觀點、情感與心得。書中區分了 4 大類，涵蓋了孩子在 3 到 15 歲間不同階段的成長課題：學習認識自我、探索愛與關係、了解如何與環境互動，最後找到人生的目標，完成生命的課題。然而，無論提供再多

方法也無法含括所有面向，但透過生理、心理和情感面都能被啓發的親子活動，可以使孩子在未來遇到相似的困難時，能更安心地去嘗試，再慢慢地建構自己的人生藍圖。

本書介紹的親子活動特點有：均不需要特殊設備、器械或電子設施，取材容易，只要父母能跟孩子溝通，並投入時間一起創作、遊戲或進行律動，便能達到每個活動的效果與目的。

Q3. 這些親子活動能幫助發展哪些能力呢？

除了聽、說等基本能力，更可以引導孩子的智性潛能，智性潛能包含：智慧、知性與各項潛能。

一、智慧：

（一）專注力：有助於遵守規則、解決問題及學習新知。首要。

（二）邏輯力：透過觀察因果關係和理智判斷做出抉擇，可以養成邏輯力。

（三）創意力：如何將天馬行空的想像力化爲創作作品，考驗孩子的創意。

（四）思考力：透過組織策略、積極運用在解決問題上，能夠提升思考力。

二、知性：

（一）自我認知：親子活動可促進感官上的認知能力，協助孩子蒐集對自我與他人的訊息，且能夠產生較爲客觀和全面的反應與理解。

（二）學習放鬆：透過挑戰未知、完成準備、積極投入、分享回饋，可幫助孩子調節和管理自己的壓力，尤其在面對挫折時，亦能控制情緒。

（三）建立自信：在互動過程中適時說些激發孩子興趣及熱情的話語，並不忘讚揚孩子所付出的努力，可以建立互信的安全感，奠定樂觀與獨立的基礎。

（四）調和人際：學會與他人合作、遵守規則，並坦然接受失敗或懂得尊重落敗的者，是來自於情緒智商的能力，也是孩子在團體生活中能否快樂的關鍵。

三、潛能：

（一）身體發展：瑜伽可強化大小肌肉的發展，促進動作的平衡性，保持筋骨的柔軟度，刺激前庭神經，促使眼睛、腦部和身體三部位的平衡。

（二）語言能力：配合字彙、閱讀、寫作和其他語言能力的應用，對於孩子的認知發展有相當的助益，當孩子能在文字中找到樂趣，便提供了發展想像力與創造力的機會。

（三）數學理解：尤其是在遊戲的過程中需要玩家不斷地進行交流，接觸數字、記錄得分、計算勝負的過程，讓孩子迅速地進行量化思考，並學會掌握關鍵的契機。

（四）美感經驗：人腦中超過一半的思考活動，都是用來處理視覺所接收到的訊息。透過豐富的經驗藝術培養鑑賞力，提升繪畫、創作和理解圖像的各種技能，能使孩子越來越上手，更加有自信。

【關於測驗】

Q 4. 怎麼和孩子開始進行測驗？

這本書中不論是提供給爸媽詢問孩子的圖畫測驗遊戲，或是讓爸媽用以自己探索的心理測驗，都有以下幾個部分：主要指導語（請爸爸媽媽用符合孩子發展年齡的語言）、圖畫內容（一張圖畫或由數張圖畫組成）、結果類型及其解釋與分析。當孩子想選擇一個以上的答案時，其實並無妨，因為這些圖並非孩子自發性的創作，而特別吸引孩子注意力的圖形也可能不只一個，更重要的，這些圖畫心理測驗設計的初衷，是希望提供爸爸媽媽與孩子溝通與遊戲的工具。如果把氣氛搞僵，那就失去遊戲的目的了。但爸媽可以請孩子排出順序，做為觀察並引導孩子的線索與參照依據。

Q 5. 應該先使用測驗或直接進行親子活動呢？

這本書作為「陪伴」親子的角色與目的，就是希望爸媽能夠自行規畫活動，端看時間、材料、場地與當時孩子的需要，親子心靈交流的時刻不見得會耗費大人和孩子太多時間，也絕對不必花多少錢，只要有心，都能做得到。本書只是提供更豐富多元、更新鮮有趣、更具有挑戰性的活動，來增進彼此的感情和引導出孩子在成長過程中需要的能力。倘若

爸媽有較長的時間與孩子相處，我建議不妨可以先進行測驗，再和孩子進行各項活動。可以和孩子一起嘗試玩其他遊戲、也可以拿起畫筆自由創作、或者透過模仿瑜伽或親子共讀繪本，再次延伸孩子的情感、思考與刺激孩子的創造力！孩子從自發性的創作與遊戲中能將正向、溫暖與快樂的感受放大、擴散，也更能夠與眞實的情緒與感受產生連結，發揮自癒的效果與價值。

Q6. 其他事項或小叮嚀？

簡單來說，3歲以上的孩子都可以嘗試在父母的引導下玩測驗或進行本書的創作或遊戲等活動，而大人也可以嘗試孩子的測驗，因爲每個人對視覺圖像的投射與我們對於生命經驗的歷練與感受息息相關，也因此當你隔了一年以上再與孩子嘗試同一個測驗時，可能會因爲隨著孩子的成長而得出截然不同的答案。但不建議短於半年的期間重複施測，因爲這可能會有「練習效果」的影響，而且圖畫本身的吸引力也會大爲降低！

此外，提醒每位爸爸媽媽，切忌過於武斷或將分析結果做爲批評孩子的工具。若是平日在孩子的繪畫創作中看到類似的圖形，也請勿貿然用書上的解釋內容去進行分析，這可能會對孩子與親子關係造成傷害。即使我的工作，是指引孩子尋找他們的藝術創造力，完整的訓練在專業上也必須謹愼地使用。與孩子工作的時間越來越長，了解得越多，我越相信大人是不會比孩子們更先知道什麼對他們才是正確的、才是最好的。

因此，只有當爸媽願意與孩子一起共同學習、體驗、參與、記錄和欣賞他們的成長與過程，才能更加地了解自己的孩子，尤其是那些無法從語言得到的訊息與情緒，更需要用愛傾聽與用心觀察，祝福你與孩子、以及另一半都能在「玩」此書後找到打開成長之門的鑰匙，重新體會愛與被愛的美好。

目錄 contents

第一篇　認識自己

為什麼爸爸媽媽跟我想的不一樣？
——如何幫助孩子認識外在世界？　020

故事篇：消失的蛇蛇　　　　　　創作篇：溫尼寇特的塗鴉
遊戲篇：猜一猜　　　　　　　　身體律動篇：兒童瑜伽「火箭發射」
閱讀篇‧閱讀學習單　　　　　　關於「理解」，給爸媽的延伸閱讀

我不喜歡我自己——如何幫助孩子接納自己？　030

故事篇：我不漂亮　　　　　　　創作篇：畫真人大小的自畫像
遊戲篇：你想要什麼？　　　　　身體律動篇：兒童瑜伽「變色龍」
閱讀篇‧閱讀學習單　　　　　　關於「信心」，給爸媽的延伸閱讀

我不是不勇敢……——如何幫助孩子克服恐懼？　042

故事篇：時間最長的一堂課　　　創作篇：畫別人與自己的面具
遊戲篇：貓捉老鼠　　　　　　　身體律動篇：親子瑜伽「蝸牛」
閱讀篇‧閱讀學習單　　　　　　關於「恐懼」，給爸媽的延伸閱讀

學什麼會聰明又快樂？——如何幫助孩子愛自己？　054

故事篇：最後一次的海底旅行　　創作篇：拼圖
遊戲篇：表情與動作紙牌遊戲　　身體律動篇：兒童瑜伽「烤年糕」
閱讀篇‧閱讀學習單　　　　　　關於「欣賞」，給爸媽的延伸閱讀

我才沒有在生氣！——如何幫助孩子控制自己的情緒？　064

故事篇：不斷自爆的小火山　　　創作篇：自我剪影
遊戲篇：火藥變鑽石　　　　　　身體律動篇：兒童瑜伽「放屁」
閱讀篇‧閱讀學習單　　　　　　關於「情緒」，給爸媽的延伸閱讀

✦ 給小孩玩的圖畫心理測驗① 我要如何被了解？找出我不能控制或表達情緒的原因。
✦ 給大人玩的圖畫心理測驗① 你喜歡現在的自己嗎？找出有時無法接納自己的原因。

第二篇　探索愛與關係

+ 給小孩玩的圖畫心理測驗② 我要如何踏出第一步？找出我抗拒嘗試新事物的原因。
+ 給大人玩的圖畫心理測驗② 檢視你在親子關係中扮演哪種角色。

第三篇　學會與環境共處

認識自己

第一篇

如何幫助孩子認識外在世界？

消失的蛇蛇

4歲的小麵包因為口語表達較弱而來尋求藝術治療的協助，但隨著語言、表情、動作與聯想力發展的進步一日千里，爸爸、媽媽反而有一種應接不暇的煩惱。尤其當小麵包出現「新鮮」的語彙時，父母總像拿著顯微鏡或放大鏡似地觀察孩子，所以如果孩子說了父母當下無法理解的話時，爸媽總是反應很快地叫孩子不要這樣說。譬如，有一段時間，小麵包不喜歡爸媽叫他的名字，堅持要爸媽叫他「蛇蛇」。爸媽不明所以，我建議爸媽詢問學校老師是否他也會對同學或老師這樣要求？結果發現，這樣的情形似乎只發生在家裡與爸媽、妹妹相處的時候。

有一次，小麵包在上課時將沙盤布置成一個海岸。他放了幾個小人偶假裝在海裡游泳，幾個小人偶在沙灘上遊玩，有一個人偶在海裡越游越深，離人群越來越遠。

我問：「會不會很危險？」

小麵包說：「很危險喔！那是很深的海裡。」

我說：「那他可以游回來嗎？」

小麵包說：「不可以。」

我說：「如果給他一個游泳圈，那他可以游回來嗎？」

小麵包沉默了一下說：「蛇蛇可以游過去，圈起來當游泳圈救他。」

他去動物模型的玩具盒裡找出了蛇，假裝速度很快地游到了那個人身旁，圈住他、把他從海中深處帶到岸邊。故事的最後，小麵包讓那個人因為蛇的關係獲救了，但蛇蛇卻消失了。

小麵包說：「蛇蛇游回海裡了，因為大家都很怕牠。」

在那堂課之後，小麵包依然堅持爸媽和妹妹在家裡要叫他蛇蛇。我請爸媽回想看看，這段時間小麵包的生活中有沒有與海邊或游泳相關的經驗呢？爸媽聯想起小麵包正是在自稱蛇蛇之前開始接觸游泳課！而且初期他很排斥，每次聽到要上游泳課，就又哭又鬧。隨著學習的時間漸長，他開始願意套著游泳圈在游泳池畔玩水。或許對於父母來說，一個孩子想像自己是一條蛇，是件很「奇怪」的事，但我們若能從小麵包故事裡的線索，去理解他內心對於蛇又愛又恨的態度，或許就能幫助他緩減剛接觸游泳時無所適從的壓力與焦慮。幸好，小麵包的父母雖然內心依然緊張，但願意改變與孩子相處的態度，一段時間後，終於獲得小麵包的「恩准」，可以直呼其名了。

最近，小麵包開始要求爸媽在家中要叫他「薄荷」，然後妹妹當「草莓」。我想一直給爸媽出謎題的他，其實最愛爸爸媽媽，才會以這麼多不同的說法讓爸媽窺見他內心的小宇宙呀！

幫助孩子了解外在的世界，
爸媽可以和孩子一起做什麼？

 **創作篇** 溫尼寇特的塗鴉

材料：

❶ 畫筆（鉛筆、蠟筆、彩色筆等硬質畫筆）。

❷ 四開或八開圖畫紙，每人一張。

步驟：

❶ 和孩子約好 10 或 15 分鐘之後交換畫。在交換前，孩子與爸爸
或媽媽可以自由塗鴉，或約定好畫出當下關心或在乎的事物。

❷ 時間到的時候，確認彼此都畫好了再交換，繼續在彼此的圖上
作畫 5 分鐘，規定不要塗掉或刪掉任何一個東西。

❸ 交換回來的時候，和孩子一起討論。

概念

透過這個創作，爸媽和孩子可能會發現同樣的圖像有許多不同的詮釋方式。討論彼此的感覺，試著從中找出可能被誤解的地方，讓孩子從過程中體會：每個人從不同的觀點與角度看事情，自然有可能得出完全不同的結果。

 **遊戲篇** 猜一猜

適合年齡： 3 歲以上 聽懂口語指令即可。

準備素材：數張紙卡、筆。

照片中的紙卡為做法範本
以此照片中左邊由上往下數第三個圖為例，提示可分：紅色、圓的、水果。依照玩家年齡給予不同等級提示，若玩家翻開紅色蘋果則猜對，若只給予提示：紅色，則解答不只一個，例如若翻開中間由上往下數第三個圖的紅蘿蔔亦可算玩家猜對。

做法：

爸媽先在紙卡上寫以及畫出各種物品（需上色），例如：蘋果、汽車、鉛筆、衣服、枕頭、牛奶、米飯……種類不拘，完成越多張物品牌，遊戲的豐富度就越高。

玩法：

❶ 每次選出 6 張牌覆蓋，由爸媽給出兩個提示，玩家每回合可以有兩次機會。

❷ 3 到 5 歲的孩子，可以給他兩個提示：一個是東西的形狀與顏色，一個是東西的用途，可以這樣說：「白色的、可以吃或喝的。請翻牌！」當孩子翻出了「牛奶」「米飯」或剛好符合提示的物品都算對！

❸ 6 歲以上的孩子，因為思考速度或記憶量都明顯提升，可以給較複雜的提示，例如這樣說：「白色的食物、與植物有關的。請翻牌！」當孩子翻出「白蘿蔔」或「米飯」都算對，但若翻出的是「牛奶」就不符合囉（牛奶與動物有關）！

❹ 當玩家連續三回合，都能在兩次翻牌機會中至少猜對一次，則玩家獲勝，遊戲結束；若玩家連續三回合都猜不中，則遊戲結束，莊家（爸媽）獲勝。

❺ 當孩子了解遊戲規則後，也可以給予孩子空白紙卡來當遊戲製作者，換爸媽當挑戰的玩家。

重點

孩子的年齡越小，提供的暗示需要越明顯，物品也最好是生活中常見到的東西。當孩子的年齡漸長，便可以將猜題的範圍延伸至生活中不易見到的物品，以訓練孩子推理與判斷的能力。遊戲過程的勝負是機率的問

題，提供玩家趣味與刺激；但翻牌之後，卻需要運用思考、邏輯與生活經驗，去分析、判斷答案究竟對不對，這樣的挑戰正可以引導孩子理解外在的世界喔！

 **身體律動篇** 兒童瑜伽「火箭發射」（椅子變化式）

練習：

❶ 暖身完畢，請孩子想像自己是什麼火箭，貓咪火箭升空時要叫「喵～」，巨人火箭升空時要叫「吼～」，還有什麼呢？

❷ 決定好了以後，雙腳併攏站立，雙手合十置於胸前。 將合十的雙手舉至頭頂，雙耳夾在中間。

❸ 臉朝正面，眼睛往前看，喊「預備」時逐漸蹲下，雙腿微微屈膝。保持好這個姿勢，倒數「3～2～1」就原地跳起來發射！記得發射時叫出自己獨特的聲音。「3～2～1」發射，一起往上跳。

❹ 可以重複兩次。

效果

這個動作可以讓孩子振作精神、恢復快樂情緒，而且想像自己是獨一無二的小火箭。跳起來完成時，應該會有一種放鬆又舒服的感覺。這個動作還可以強化小朋友的耐性與耐力！大人常做可以緊實背部肌肉，對睡不好、有自律神經失調症狀的人也有正面幫助。

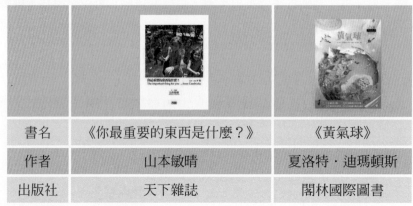

書名	《你最重要的東西是什麼？》	《黃氣球》
作者	山本敏晴	夏洛特・迪瑪頓斯
出版社	天下雜誌	閣林國際圖書

閱讀學習單 人物身高表

剪裁一張白色塑膠瓦楞板（長約 200 公分、寬
20~30 公分）；以雙面膠黏上標記號，記錄年
齡與姓名；有別於以公分界定身高，反過來以
「人」來說明不同身高代表的不同人物的身
分。也許有一天，12 歲的兒子會跟在標記在
同一個記號上 40 歲的媽媽處在同一個身高位
置喔！

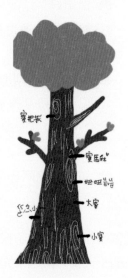

關於「理解」，給爸媽的延伸閱讀

孩子的認知如何發展？

許多爸爸媽媽十分關心孩子從小認知發展的問題，從心理學的發展理論來說，認知歷程包括個人知識的獲得、語言的發展、外在訊息的處理與應用，以及心智結構的成長等多方過程。所以孩子能夠開始分辨真假、大小、遠近、方圓、男女、喜好與厭惡等，都代表是認知發展的一部分。瑞士心理學家皮亞傑認為任何孩子的成長都需要經過四個認知發展的階段：從出生到1歲半的感官動作期，所以我們應該提供多感官的生活經驗，擴充孩子的體驗；約1歲半到7歲的前操作期，是最關鍵時期，學會用圖像符號和語言來表達想法，但也開始有自我的主張；7歲到11歲是具體操作期，可以透過實際地操作物品來表現自己的能力；12歲到15歲的形式操作期，則會透過邏輯的思考、進行推理。認知成長的快慢，可能因為個人和文化的背景不同而有差異，但因為每一階段的發展都是後一階段發展的基礎，所以發展的順序是不會變的。

文化刺激多和少　認知因此大不同？

臨床上也觀察到，即便是同年齡的孩子，他們居住的地方、父母社

經地位的差異、都會影響孩子的成長條件。一般來說，3 歲以下的孩子多半還處於以自我為中心的階段，遊戲時間都是玩自己的玩具，較少有團體合作的現象；但生活在都市裡的孩子，由於幼兒學園、媽媽團體、親子教室較為蓬勃，所以同樣 3 歲小班年齡的孩子，都市裡的孩子可能已經可以幾個人坐在一起，用積木拼出一個停車場，或利用玩偶完成一個動物園。原因是住都市的孩子或時常旅遊、有較多機會嘗試與練習的孩子接觸到的資訊多且複雜，在多元文化的刺激下，認知發展比較快，孩子的學習就是從不斷同化與調適而來。

信用卡是錢？還是卡片？

舉例來說，當你跟孩子說「信用卡是錢」，他們會依照這個答案，知道刷信用卡就是在花錢，這就是「同化」；假如你跟孩子說「信用卡不是錢」，但這跟他們所觀察到的都是買完東西在櫃台繳費、接著都有收據或發票的情況相矛盾時，孩子的大腦就會開始「調適」這句話，然後最終整合成「信用卡不是錢，是可以代替錢使用的信用卡」的結論。有的孩子想法較為固著、需要較長的時間消化不同的資訊，體貼孩子的爸爸媽媽應該給予孩子一些空間與時間，去接受自己與外

在的不同面向，別輕易就將「你怎麼那麼笨啊」「你是X啊」說出口哦！

開放式問題：聽聽孩子怎麼說

也就是說，父母或老師在孩子這個階段所扮演的角色應該是提供刺激者，適時地拋出一些「開放式」問題，或形塑一個開放且包容的環境，都能刺激孩子無窮的創造力和想像力。所以爸媽可以嘗試用孩子的高度和孩子對話喔！孩子可能會給出無比天真、超級可愛，或者令爸爸媽媽大感驚喜的精采答案。

如何幫助孩子接納自己？

我不漂亮

大部分的孩子到了3歲多開始會一直問不停，爸爸媽媽常被問到筋疲力竭，最後以「閉嘴」兩個字回應孩子的連環問。4歲的小哲也不例外。今天上課前，小哲先跑去門口照鏡子，然後問了我一個問題。

小哲：「妳覺得妳漂亮嗎？」

我：「我？我覺得我漂亮啊！那，你覺得誰最漂亮呢？」

小哲：「……」表情有點微妙，想起最近的談話，當下我猜到他誤會什麼事了。

我：「你是不是覺得妹妹佩佩很漂亮？」

小哲：「嗯！」

我：「而且是最漂亮的！」

小哲完全不意外地露出一臉篤定的表情。

小哲以為別人喜歡我，尤其是爸爸、媽媽喜歡跟我說話，是因為「我很漂亮」，然後他覺得他最在乎的爸媽現在不喜歡跟他說話，卻喜歡對著兩歲的妹妹開心唱歌或說話，一定是因為「妹妹最漂亮」。

　　那天，我和小哲在戲劇遊戲裡假裝來到了山上露營，我們第一次窩在玩具鑽龍裡，想像在星空下露營的感覺。小哲很興奮，一直說個不停，我假裝累到睡著了，安安靜靜地閉著眼睛不說話。直到數分鐘後他停下來，我才慢慢地張開眼神專注地看著他說：「對不起，我剛剛累到睡著了，但我很想在山上的星空下和你聊天說說話。」

　　他眼睛為之一亮，問說：「真的嗎？」

　　我說，「真的啊！那你現在願意陪我說說話嗎？」

　　小哲露出一個淺淺的微笑，對我說：「要睡覺了啊！我們休息吧！」

　　雖然不到三秒鐘，小哲就迫不急待地張開眼睛，假裝在遊戲中天亮了！但胖乎乎卻又可愛得不得了的他對我說：「妳知道山上有天使的花朵嗎？我去摘來送給妳好不好？」

　　一種香醇溫暖又感動的滋味從我心底散發，我微笑地說：「好呀！我想那一定是很美很香的花。」

　　如果我們願意為了孩子反省、包容和等待，孩子往往會回報大人更真誠的感謝與甜美的禮物。如果爸爸、媽媽你真的累了，或者無從應付孩子們豐富的聯想力與旺盛的體力，那麼溫柔地守護在身邊就好，甚至誠實地告訴孩子：「好，我想聽你說話，那你願意明天早上一起床就跟我說嗎？我現在好累喔！怕會記不住你要跟我說的話啊！」孩子與爸媽的認知與想法差異之大，遠超過你的想像。所以只有當父母願意以更深的理解和尊重去試著讓孩子了解我們的想法，才能逐漸地培養出孩子的同理心。當孩子感受到爸媽願意敞開胸懷，知道自己被真心地接受時，就能熱情地回應大人並建立起通往彼此內心的通道，使親子間擁有更和諧與美好的關係。

幫助孩子接納自己，
爸媽可以和孩子一起做什麼？

 **創作篇** 畫真人大小的自畫像

材料：

① 畫筆（鉛筆、蠟筆、水彩都可以喔，越大的孩子越能掌握流動的材質）。

② 大張紙（可以用拼貼完成，紙張大小必須超過孩子的體型）。

③ 膠帶（黏牆壁用，不一定需要）。

步驟：

① 將大張紙黏在牆壁上、或鋪在地板上，跟孩子說隨意擺放姿勢靠或趴在紙上，讓孩子自由挑選筆的顏色，再由爸媽幫忙畫出孩子的身體外框。

② 孩子起身後，讓他畫出自己的臉、五官表情、手腳、衣服、頭髮等部分。若孩子較小、不確定臉的位置，爸媽可幫忙畫出臉的外框，協助孩子完成。不拘泥於現實的穿著、髮型的狀態，盡可能讓孩子隨自己的喜好，也可填入自己想要加上的東西，如：披風、棒球棒、警察帽子等。

③ 爸媽在孩子進行步驟 2 的時候，可以詢問孩子想要處在什麼地方？大張紙上身體輪廓外的場景彩繪較為有難度，父母可主動協助完成。

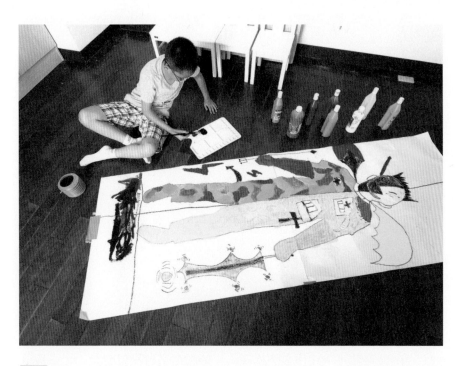

概念

3歲左右的孩子可能會覺得這像是超大張的相片；但不論幾歲的孩子、包括青少年，都會感覺自己比想像中來得「長大」。當孩子依照自己的喜好填入東西時，常常會出現天馬行空的創意，例如數字、英文符號或者是好吃的甜甜圈、漂亮的仙女棒。

爸媽在與孩子繼續共同創作時，請以較自由開放的問句「你想像躺在草地上？還是飄在雲上？或者站在舞台上？」去啟發孩子的聯想力。由父母為孩子彩繪輪廓外的背景，一是孩子可以感受到自己的想法被鼓舞，二是當孩子看到正在創作的身體圖像可以被爸媽畫的背景所包容，會感受到被照顧的安全感，無形中就會增進親子間的情感交流。

讀出孩子的畫中話：

手臂	（a）雙臂交叉於胸前：敵意或懷疑，對人較缺乏信任感 （b）手臂貼緊在身體兩側：想控制脾氣，或在發展人際關係方面有困難
手指	（a）指甲長且尖：有攻擊傾向 （b）握成拳頭：壓抑攻擊的衝動
頭	（a）頭周圍有許多想像的人事物：耽溺於幻想生活，焦點在於心理層面 （b）頭部周邊的陰影：嚴重的情緒障礙，低自我概念
五官	（a）嘴巴大：口欲較重、或較不成熟 （b）過度強調牙齒：與言語有關的攻擊性較強 （c）斜視：有猜疑或妄想的傾向，對人較不具安全感

　　以上圖畫心理分析指標僅供參考，請勿在孩子面前解釋、分析或求證。在陪伴著孩子一起作畫的過程中，聽聽孩子自己怎麼說，才是最重要的！

遊戲篇　你想要什麼？

適合年齡： 6歲以上 （已可充分理解指令與運用語言）

玩法：

❶ 「你想要……？」是個隨時隨地都可以進行的問答遊戲，用來訓練孩子的思考能力。靈感可以取材自生活中，食衣住行育樂的事情。由父母提供孩子一個二選一的選擇題開始，可以是兩個物品、圖畫、人物、地點或任何想像的內容。

❷ 開始的問法盡量簡單明瞭，建議為以下兩種：「你喜歡哪一個？……或……」以及「你想要……或……？」

❸ 若想增添挑戰性，可以在簡單的二擇一後追加開放性問題，例如「為什麼？」或「除此之外，還有別的原因嗎？」對於極需要被肯定的孩子，建議爸媽可以試著運用西方常用的語法：「我覺得你的想法不錯，但還有沒有別的可能呢？」一方面鼓勵了孩子的思考與表達能力，一方面刺激孩子發揮更多的邏輯與創意。

❹ 遊戲結束，可以由孩子想問題來問爸媽，換大人當挑戰的玩家。

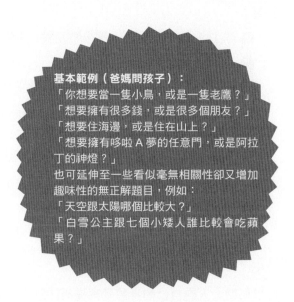

基本範例（爸媽問孩子）：
「你想要當一隻小鳥，或是一隻老鷹？」
「想要擁有很多錢，或是很多個朋友？」
「想要住海邊，或是住在山上？」
「想要擁有哆啦 A 夢的任意門，或是阿拉丁的神燈？」
也可延伸至一些看似毫無相關性卻又增加趣味性的無正解題目，例如：
「天空跟太陽哪個比較大？」
「白雪公主跟七個小矮人誰比較會吃蘋果？」

重點

這個技巧亦可運用在生活中，幫助 6 歲以下的孩子做出選擇，但需要有實際的物件。例如 2 歲多的孩子開始進入愛說「不要」的「抗拒性」期，當孩子堅持穿著不適合天氣的服裝時，父母無需與孩子僵持不下，可以另外挑出兩件適合的衣服問：「今天想穿哪一件？這一件或那一件？」這種把戲或許大人會覺得一眼就被看穿，但對於倔強又需要台階下的孩子來說，卻非常有效。

 兒童瑜伽「變色龍」（拜日式）

練習：

❶ 先採取跪坐的姿勢，然後將左腳往前跨出。

❷ 雙腳著地，將右腳往後伸展。

❸ 將重心往前移動，將伸展的右腳腳趾彎曲，施力在腳尖上以利撐在地面上，伸展膝蓋的內側。請孩子看著前方，感受身體溫度或其他刺激的感覺。此時爸媽可以說「現在有什麼改覺呢？你有嚇我一跳喔，因為我旁邊的小小變色龍雖然靜止不動，可是顏色卻完全改變了！你發現了嗎？」

❹ 再慢慢地回到原位，換另一隻腳做。

效果

可以幫助大人對自己的身體覺察提高注意力，於是對於孩子的身心狀態也更能深入觀察和想像。這個動作可以穩定交感神經、使副交感神經運作，心情就更能穩定下來。此外，因為會適度刺激到膀胱經的反射神經，對於消化、泌尿等系統的疾病也能有效預防。

注意

父母可以輕輕扶持孩子施力中的後腳腳尖，讓孩子更能確實感受用腳尖撐住地板，以及臀部沒有離開腳跟的感覺。

 閱讀篇

書名	《來，抱抱！》	《大，大，大章魚》	《彩色大野狼》
作者	文 / 史帝夫 · 斯摩曼 圖 / 提姆 · 華尼斯	夏洛特 · 迪瑪頓斯	愛蕾諾 · 杜雷
出版社	大采文化	閣林國際圖書	明天國際圖書

閱讀學習單 廣告

請孩子幫自己畫一張「廣告」。可以把自己包裝成一個朋友、工人、老師、父母、小朋友、寵物……任何角色或身分都可以。父母可以為孩子加上他們所忽略的正向個人特質。

（示例）

關於「信心」，給爸媽的延伸閱讀

孩子的人格從嬰兒開始發展？

心理學家艾里克森主張，童年早期的經驗很重要，他相信童年對於人格發展的重要，但也認爲人格是持續一生都在發展。父母若能夠把握孩子奠定心靈基石最重要的階段，對於培養孩子的自我肯定感會發揮最大的影響力。孩子從出生到 1 歲半期間，透過父母的充分摟抱和完全接受自己，能培養絕對的安全感和信賴感。在這個階段母親是否有密切地關心嬰兒的需要，並迅速回應，扮演了重要的關鍵；信任使嬰兒願意讓母親離開視線，而不信任則甚至會使嬰兒終身懷有不安全感。

如何幫助孩子對自己有信心？

1 歲半到 3 歲是所謂的第一反抗期，也就是獨立期。在這個時期裡，孩子是在確認即使堅持自己的主張、反抗父母，或者表現出負面情緒，如發火、哭泣、撒嬌磨人等，父母還是會接受自己，不會拋棄自己。這個階段有一個重要的獨立訓練——排泄訓練，可能會影響到後來孩

子的關係發展，若父母親能有耐心、態度溫和地對待孩子，讓他按照自己的步調嘗試自我控制，孩子成長的過程中對行動也會更有信心；反之，若要求過於嚴厲，可能會使孩子因闖禍、犯錯而容易感到羞愧，甚至對自己產生懷疑，變得畏首畏尾。3 到 5 歲的孩子在語言、動作、思考各方面都有一定程度的能力，若能給孩子機會適時表達自己的想法，並在他需要家人保護和指引的時候適時出現，會幫助孩子學著去訂目標和實現它，讓孩子未來能喜愛學習。到了 6 到 10 歲，正式進入學校以後，最重要的就是鼓勵和欣賞了，若父母或老師的期望高不可攀，可能會造成孩子長期的自卑心理。

自我認同 VS. 角色混淆

孩子如果透過之前的每個階段了解到，即使自己不是個完美的小孩，依然是父母心中的最愛，那孩子逐漸步入青春期的 11 歲之後，就能有足夠的自信心與安全感為基礎去探索未來，朝向自己心中期望成為的人邁進。相反地，如果之前的根基不穩，孩子會一直生活在不安之中，對自己的認同完全沒有主張，於是更容易受到同儕的影響，這也是為什麼我們會說許多青少年的不良適應行為，往往是角色混淆的結果。

小心「肛門期」訓練過頭

心理分析有這麼一說，過度收集與固著習慣，往往是在「肛門期」的發展出現了某些困難。當孩子接近 2 至 3 歲時，是佛洛依德所稱的肛門期，因這個時期是訓練大小便的階段。那些受到過分嚴厲、教條式一板一眼的訓練或是訓練過頭的小孩，便會發展出因過度控制而產生的潔癖、固執，或者是因為固執產生的念舊、戀物與收集癖等其他行為。有些完美人格或長子長女因要求自己較高，有時也會因此壓力較大而出現這些情況。

循序漸進慢慢來

每個孩子都是獨立的個體，都有著他們各自的步伐。當我們真心看待每個孩子獨一無二的特質，孩子才會珍惜我們提供的每個機會，並藉由這些學習經驗去確認自己的想法與能力。容許孩子在依賴與獨立間嘗試錯誤，也欣賞他們的成長與轉變，孩子就能越來越接納自己，安全地釋放壓抑的情緒，更加快樂有自信。

如何幫助孩子克服恐懼？

時間最長的一堂課

凱凱個性較自我中心，社交互動、語言溝通能力也發展較慢，所以，爸媽在他3歲剛進幼稚園初期安排了伴讀。一方面協助他適應學校的團體和紀律，一方面也希望能較穩定他的情緒與言行，避免其他孩子的學習受到干擾。隨著他的認知、語言與情緒各方面能力提升，升大班後，爸媽便不再安排伴讀，凱凱因此逐漸感受到人際與學習的壓力，但也刺激他比以往更意識到自己的存在，並且更需要其他同學的認同。

可是他的同儕互動經驗很薄弱，剛開始他無法理解別人的想法、也不懂為什麼要服從班級規範，所以常被老師責罵或處罰。他因為想引起同學的注意，常用誇張搞笑的方式表達情緒，或有意無意地去捉弄同學。大班開學一個多月後，他開始偶發性地出現一些拒學的狀況，譬如，上學前才說他肚子痛或在媽媽送他到校門口時哭著說想回家。

那段時間在我的工作室中，他喜歡以動物來演繹故事。從有管理員的動物園、上動物學校的動物、到生活在大草原上的馬群，其中有一隻他說「常常做錯」的黑馬，似乎有著他在學校生活中的影子。

　　在凱凱的故事中，感到孤獨的黑馬曾故意去挑釁其他馬群，尤其牠在憤怒又傷心時，總是以強悍勇猛的形象來武裝自己。在某一段時間，凱凱也曾用多色黏土塗抹在馬頭上，使得牠更加與眾不同，他說「這隻馬有打扮的樣子比較帥」。那段時間凱凱去上學也總是戴帽子或穿有連身帽的衣服。

　　爸媽極為擔心凱凱，這樣的心情明顯表現在每次課後的會談交流。聽了凱凱連續發展的自發性故事，爸媽問我：「凱凱是不是因為幻想了這隻愛搗蛋的黑馬才變得奇怪？是不是只要拋棄這些幻想就會恢復正常了？」

　　爸媽對於凱凱的愛無庸置疑，卻忽略了孩子需要時間與空間去成長。我與爸媽分享：或許正因有了這隻黑馬做為他的化身，凱凱開始思考各種豐富又有創意的行動，而我的角色除了見證（witness）每一次的演出，也在需要的時候以各種不同的動物角色加入他的故事，從中了解他的掙扎，才能引導他改變自己的行為。

　　有時候，他無法或不願面對當天故事較悲劇性的發展，會在下課前拖拖拉拉、很不具效率地收拾玩具，來給自己多一點時間去轉換心情。我能做的是守護著孩子，給他時間與空間去調整自己的想法與步驟，而在他學習獨立卻需要協助時，從遊戲中給予真實的回應。

　　有一天，凱凱在角色扮演的遊戲中挑戰了自己過去一直逃避的障礙，黑馬在其他馬群去吃草時擔任了守護者的角色，而且也邀請我扮演的角色和他一起完成這個不可能任務。以前他說馬只會「嘶嘶」地叫，所以，如果在遊戲中出現爭執，他常以此為藉口拒絕說出「對不起」，而在那天傍晚的課程中，他似乎感受到說出「對不起」這三個

字並不一定就代表自己「輸」了。當他內心建立了真正的安全感後，故事發展得更加精采，情節活動也比以往進行得更多更深入。

　　當天我們一起很快地收拾好教室，準時下課，他在離開治療室之際一臉單純地問我說：「今天……是不是妳讓我上課上最久的一次？」我忍不住漾開微笑對他說：「不是啊！我們一樣七點下課，50分鐘啊！」

　　看著凱凱一臉不可思議且滿足的表情，我深深覺得，陪伴孩子一起尋找到內心某種改變的力量，真是最幸福又好美好美的一件事！

幫助孩子克服恐懼，
爸媽可以和孩子一起做什麼？

 **創作篇** 畫別人與自己的面具

 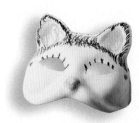 

材料：

❶ 畫筆（鉛筆、蠟筆、水彩都可以）。

❷ 不要的雜誌，可做為剪貼的素材。

❸ 剪刀。

❹ 白膠（或膠水）。

❺ 數個人臉紙面具。

步驟：

❶ 和孩子各做一個代表對方的面具。孩子做大人的，大人做孩子的。

❷ 第二個則各自畫代表自己的面具。

❸ 完成的時候，要戴上面具，表演面具所扮演的角色。

概念

藉由這個活動會發現，製作別人的面具通常是比較容易的，而做自己的面具實是比較有困難的。透過討論，可以認知到在彼此眼中的面貌，也可以更加了解自己的個人特質。而製作自己的面具，在創作的過程中常與自己內在真正的感受結合，因此放在後項製作，創作的心態也較放得開。

 **遊戲篇** 貓捉老鼠

適合年齡： 6 歲以上 了解並能使用數字符號。
準備素材： 一個骰子、兩張紙、剪刀、筆或彩色筆。

做法：

❶ 在一張紙上畫一隻貓和一隻老鼠的形狀，分別剪下來。

❷ 在另一張紙上畫出一組 20 格長的軌道或其他形狀（如圓形或正方形等）都可以，並在 20 個格子中依序標記上 1、2、3……直至 19、20，並在第 20 格做記號：表示為老鼠洞。

玩法：

❶ 一開始，將貓放在第 1 格，老鼠放在第 10 格。

❷ 在遊戲開始前，各自預測貓能不能在老鼠逃進洞裡前逮到牠，說明遊戲目標為猜測出正確結果者獲勝。引導孩子去預測遊戲的變化可能是什麼？例如：「你覺得貓會捉到老鼠嗎？或是老鼠會來得及溜進老鼠洞呢？」待孩子從二者中選一，爸媽可以選擇另一選項，或爸爸與媽媽其中有一人與孩子的選擇相同。

❸ 接著大家輪流擲骰子，依據骰子擲出的數字來移動貓或老鼠。如果擲出 1、2、3 或 4，老鼠則依此數字朝老鼠洞前進。若為 5 或 6，則換貓朝著老鼠逼近。

❹ 如果老鼠抵達或超過第 20 格，那麼牠就能順利逃進鼠洞。但如果貓和老鼠同一格或比老鼠超過更多格，就表示老鼠已被捉住，並在此追逐戰中敗北。

❺ 追逐結束時，以遊戲開始前預測出正確結果的人獲勝。

重點

下一次遊戲時，可以試著改變貓跟老鼠間的距離，或骰子擲出哪幾種結果時誰應當前進，以修改遊戲規則。孩子可以從過程中了解到凡事沒有絕對，在面對挑戰前，先做預測可以幫助我們預防困難，而嘗試遊戲並不斷修正的過程，可以讓我們與預期目標越來越接近。

③歲　　　　　　　⑦歲

練習

❶ 可以先跟孩子這樣說：「你知道小蝸牛出生的時候有殼嗎？是小小軟軟的殼背在身體上喲！」

❷ 小朋友站立於父母後方背對背。

❸ 爸爸或媽媽勾住小朋友雙手，吸氣往前趴下採跪坐姿勢，並將小朋友置於背上。吐氣，待重心穩後才放開雙手，往前伸直雙手，停留數秒，做深呼吸。

❹ 再慢慢地回到原位。

效果

爸媽透過腹部的收縮及背部的按摩來解除腰痠背痛、腹脹、便秘等現象，同時可促進親子關係，讓小朋友開朗活潑，更具自信與安全感。

注意

若孩子有不安的感覺，可在向後仰躺時，由爸爸或媽媽輕輕地用手扶住
孩子的腰際。在向後仰躺之後，父母還可以將手放在孩子張開的雙膝
上，讓孩子體驗慢慢雙腿膝蓋合起來的感覺。不論孩子停留在什麼位
置，都沒有關係，千萬不要過度勉強。當父母放手的時候，孩子就可以
自己感受到這個動作給予身體恰到好處的刺激，所帶來舒適的感覺。

小叮嚀：

這是一個適合在睡覺前、早起後和孩子一起做的動作，確實地伸展後，身體和心靈
都會因此感到輕鬆舒暢，可以再度迎接與展開新的一天。如果爸媽發現孩子今天和
昨天在做這個姿勢的身體、感覺、心情不一樣，別急著糾正孩子的姿勢是否正確，
孩子或許是因為些微小事而心情不同，改變了對於某些人事物的想法，因此反應在
瑜伽的姿勢上。不要馬上說「對」或「不對」來解釋孩子的練習動作，而要先注視
孩子真實的狀態，或是告訴孩子：「我感覺你今天的心情很開心或是有點難過，發
生了什麼事嗎？」才可以幫助孩子察覺自己今天的身體或心理的感覺是焦慮或放
鬆，進而逐漸學會控制自己。

 閱讀篇

書名	《生日派對》	《大黑狗》
作者	安東尼・布朗	李維・平弗德
出版社	遠流	聯經

請孩子用畫或寫的方式，表達自己認為最重要的三種能力是什麼？原因
為何？

我很會畫畫!!

（參考示例）

關於「恐懼」，給爸媽的延伸閱讀

孩子的恐懼從何而來？

不同成長階段的孩子，害怕的事物也不一樣，爸爸、媽媽若能先大致了解，在面對時就不會感到那麼慌張了！但孩子心生恐懼的起因，包含先天氣質、父母的影響、旁人的渲染與誇大、害怕環境失控、為了引起注意、過去的創傷經驗，都有可能導致害怕的結果。

孩子在不同的年齡可能會害怕的事物為何？

在2歲之前，主要是怕規律改變，例如突如其來的巨大聲音、噪音、動物、媽媽不見、打針、空間變化等。這一類的「怕」在2歲達到高峰，除非是受到天生的氣質影響，否則一般來說都會隨著生活經驗的累積而逐漸適應。3到5歲時，可能會出現「特別」怕的事物，如有的孩子怕貓、怕狗；有的孩子怕打雷閃電。大多數會開始害怕一些憑藉「想像」所衍生的東西，如妖魔鬼怪、大野狼等。這一類的害怕多數在幼稚園時期達到高峰，在進入小學後漸漸地減少。6歲以後，怕的東西通常與生活中的壓力或感官經驗有關，例如怕人多的地方、過分怕髒、怕坐電梯，許多人害怕同儕團體、外表長相或天災人禍等事物。

先天的壓抑氣質會好嗎？

哈佛大學發展心理學家卡甘指出，五分之一的孩子天生就有所謂的「壓抑氣質」，從嬰兒時期就可以明顯觀察到，這類的孩子容易受到過度刺激。一般孩子看到會動的彩色氣球、聽見新聲音或嗅聞不尋常味道時會露出高興或好奇貌；但先天壓抑的孩子會受不了而苦惱，出現大哭、胡亂揮動手腳或縮成一團的樣子，源自他們先天腦部對危險的警覺性特別敏銳的緣故，因此特別容易陷入恐懼。但先天氣質並不一定會決定一個孩子的命運，約有三分之一原本天生壓抑的嬰兒在通過學步期的成長階段後，不再極度懼怕退縮。關鍵在於，父母若能懂得鼓勵孩子面對新環境帶來的挑戰，而非「無菌室教養」，便能使孩子逐漸建立自信，後天的生命經驗，可以使他的先天傾向轉為圓熟，而非更趨激烈。

小孩怕生怎麼辦？

爸媽越能同理孩子的害怕，越能夠讓他勇敢面對，亦能避免增加負面經驗。例如在遇到陌生人的場合對孩子說：「快！打招呼！」孩子稍微遲疑，父母便喝斥「沒禮貌」或「膽小」，或是拿來和兄姊與同學比較，都只會徒增孩子逃避的心態。建議爸媽先思考如何先讓孩子安心下來。例如，當陌生人太熱情時，父母要站在保護的立場；或者，爸媽先跟對方互動，而非一開始就將注意力放在孩子有無打招呼。如果對方是

大人，父母先跟孩子介紹對方的身分，等待孩子露出安心的眼神了，再引導他怎麼說、怎麼做；如果是同儕，害怕社交的孩子在看到第一次遇到的小朋友時，往往不是想著「太棒了！有新朋友！」，而是恐慌「糟糕！我不知道要說什麼？」父母可以先陪伴孩子觀察周圍的人事物，讓孩子注意到大家在做什麼，鼓勵他融入一起做。當孩子開始遊玩、創作或忙碌，往往就能逐漸拋開一開始的緊張不安。

小心「分離焦慮」的後遺症

分離焦慮是指孩子在離開家裡或依附對象（多為爸媽）時，會產生過度的焦慮。主要是因為孩子還沒有時間概念，以為消失就等於不見。長期處在分離焦慮，可能會使孩子缺乏學習意願或無法持續專注，而影響了能力的發展；就生心理來說，當壓力過於沉重，自然會影響到生理，包含免疫力的下降。爸媽要如何引導孩子逐漸認知到，有短暫的分離呢？建議在分開初期，父母可以多停留一段時間並預告何時會再見；離開時一定要跟孩子說掰掰，而非無聲消失。即使會因此使孩子表現出情緒而必須多停留些時間，請爸媽理解對有些孩子來說，這是「必須的」過渡時期。必要時，不妨讓孩子帶著熟悉的玩具或生活用品（物品以不過於突兀為原則）增加安全感，為使孩子與其他照顧者（老師或保母等）累積正向的生活經驗，父母應先主動告知孩子的喜好和習慣。

如何幫助孩子愛自己？

最後一次的海底旅行

因為常常跟沒心眼的孩子一起工作，所以一直感染到他們為單純的快樂而歡笑的幸福。因為希望與他們建立更深刻的關係，所以常想著如何與他們有形與無形的距離更近，讓彼此間的現在與未來連結更親密。

2013 年底，基金會的社工在咖啡廳碰到前年暑假順利結案的孩子，孩子請社工轉告我，她目前平日在學校讀書，假日在咖啡廳打工，這是一個平安喜樂的訊息。女孩成長在單親家庭，身為新住民的媽媽工作十分忙碌，因此在與女孩進行藝術治療工作的三年半間，我從未與孩子的母親見過面，只有在必要時進行電話交流（大部分的兒童或青少年個案多為三方互動，包含治療師與家長的親職會談）。最初基金會轉介女孩到我這時，告知有過動的診斷，隨著她溝通能力的改善與情緒控制越趨穩定，她在青少年團體中，逐步地從「主動」引起衝突到成為意見的領導之一、在學校生活中從「不樂意」學習到找到興趣積極準備升學。最重要的是，知道她在家庭生活與媽媽的親子關係、與姊姊的手足之情變得更好，這是一種超越短暫的快樂更令人感覺溫馨的回饋。

　　孩子是基金會資助的對象，因此是由社工告知我結案的時間，在我與女孩預告結案的日期後，她表示：「好，可以結案，也不用再多……」但自那次開始，她對我以及團體中其他成員的言語攻擊便逐漸增多。

　　最後一堂課前我對她說：「雖然我們說了結案，妳也已經做好準備，但，我心中捨不得這麼快跟妳說再見。」那一天，我們在結束團體前進行了一個想像的海底旅行，想像自己在海裡游泳，穿過洞穴，最後浮出水面的地方是個小島，並且會遇見一個人送給他們禮物。我請孩子們創作自己心中所想到的禮物與送禮物的人。

　　少女先畫了她從上帝手中接過一顆愛心，低頭看看手錶後，走來跟我要了一些材料，接著做了兩個彩繪的紙球，一個她裝在隨手拿的回收紙盒裡帶走了，一個交到我手中，說是留給我。「先學會愛自己，才會愛別人」雖然是老生常談，卻是不變的眞理。眞心地喜歡一個人，其實是我們給自己的禮物。這個禮物別人無法給予，只有自己願意開放自己，願意付出，才能夠認識他人、維繫關係，這是可以豐富生命的禮物。許多研究調查發現，眞正能夠帶給我們長時間喜悅的，是家人、朋友，以及最重要的是自己擁有一顆感恩的心。昔日像刺蝟般的少女，而今懂得讓自己先成爲一個更好的人，一個讓別人願意親近的人。少女送我的彩球，我一直好好地收藏著。

　　「人生這條長河的黃金時刻從我們身邊匆匆流過，我們只瞧見河中的沙粒；天使造訪人間，我們只在他們離開以後才知道他們來過。」

　　謝謝孩子、爸爸媽媽願意給我機會與他們同在，一起全神貫注地活在當下，而珍貴的時間同時滋養了他們與我的生命。

幫助孩子了解自己，
爸媽可以和孩子一起做什麼？

 **創作篇** 拼圖

材料：

〔5 歲以下〕

喜愛的彩色圖片數張、厚紙板數張、剪刀、雙面膠、鉛筆。

〔5 歲以上〕

拼圖或舊拼圖、壓克力顏料或彩色筆或油性筆、畫筆、吹風機。

步驟：

〔5 歲以下〕

將彩色圖片貼在厚紙板上，在厚紙板的另外一面畫上預計要裁切成拼圖的線條；4 歲以下建議裁切 20 塊以下，接著便可以剪裁完成自己的拼圖囉！

〔5 歲以上〕

❶ 用壓克力顏料在拼圖上塗一層底色，若是舊拼圖直接塗上顏色，就可以覆蓋舊圖。（技巧：使用壓克力顏料畫拼圖要特別注意，不用沾太多水稀釋，以免拼圖紙過溼；也不需要畫太厚重，免得拼圖紙相黏。一旦畫好了，一定要盡快把畫筆泡水洗乾淨，不然筆刷上沾到壓克力的部分就很難清洗掉了！）

❷ 用吹風機吹乾圖案後，再讓孩子發揮想像力，自由繪出圖案即可。

概念

這個創作能訓練孩子對空間關係的理解能力，也能讓孩子透過對圖畫作品進行再創造，獲得解決更困難問題的信心和能力。父母若是想從圖像裡強化孩子的情緒能力，不妨給害羞的孩子選擇熱情繽紛的圖；如果是膽小的孩子，不如給他隱喻勇氣的故事圖片，拼圖完成後的分享時間，是父母可以陪孩子做情緒開發的時間，別浪費囉！

遊戲篇 表情與動作紙牌遊戲

適合年齡：

3歲以上 具聽懂口語指令亦能看懂大部分圖像符號的能力即可。

準備素材：

數張卡片紙（建議至少 10 張以上）、筆或彩色筆。

做法：

爸媽繪製（或影印剪貼）數張表情或動作圖案的卡片；可以選擇動物做主角以增加趣味性；依照孩子的年齡與能力以注音、國字或英文標示表情或動作的稱呼。

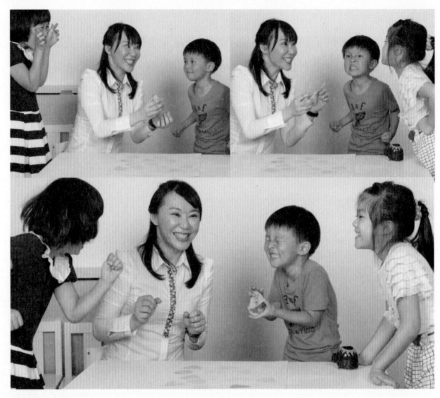

玩法：

❶ 卡片完成後，將卡片覆蓋起來，並攪亂牌序，平放在桌上或地板上。

❷ 輪到的玩家選擇一張覆蓋的卡片，有三種得分方式：

（A）翻牌的玩家做出卡片上指示的表情及動作，即可得到一分。

（B）可以說話或動作使其他玩家做出卡片上指示的動作或表情時，得兩分。

（C）若翻牌的玩家表示自己做不到或不願意做出指示，其他玩家可以搶答示範得一分。

舉例：

若挑選到「微笑」圖示的卡片，翻牌的玩家做出微笑表情，即可得到一分；若做鬼臉或碰觸其他玩家肩膀使對方微笑，則得

兩分。若玩家不知道怎麼表演，放棄這題的得分機會時，其他人可以搶答，最快舉手者有優先得分的機會。

❶ 若翻開的回合無人能做出該動作，則將卡片重新覆蓋回原處。

❷ 若爲親子遊戲，建議直到場中所有卡片使用完畢，遊戲即告結束。若有較多孩子一起共同參與，遊戲可在任何一人獲得設定分數（如 5 分或 10 分等）時結束。

概念

可以吸引孩子進行這個遊戲的元素在於圖畫的設計，另外表情及動作的有趣程度也能提供互動的趣味與競爭性。所以除了基本的微笑、哭泣、吃飯等較容易掌握的表情或動作，建議不妨放一些「生活化」的元素進去，例如：「大便」跟「尿尿」在大人耳中聽來雖顯得粗俗，但對孩子來說除了樂趣以外，也隱含著學習獨立的深刻意義。此外，若孩子爲了得分做出此一動作，可以在遊戲結束後肯定其「演技」之外，同時也提醒孩子在非遊戲時間的公開場合做這些動作，是極度不雅的，反而在衆人面前「輸」了形象喔！

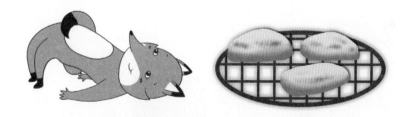

 **身體律動篇** 兒童瑜伽「烤年糕」（半橋式）

練習

❶ 可以先跟孩子這樣說：「你知道烤年糕嗎？年糕會越烤越大越膨脹喔！」

❷ 仰躺在地，將手臂以手掌朝下的方式置於身體側邊。

❸ 雙腳張開與肩同寬後，雙腳屈膝，將頭與肩膀往地上壓，同時挺起腰部。

❹ 挺起背脊，直到膝蓋呈現直角狀態。這時爸媽可以說：「年糕快烤好了嗎？越烤越大、越來越大……烤到恰到好處，要拿起竹籤囉！」

❺ 「呼～啾～年糕扁下去囉！」身體慢慢回到原位。

效果

後仰動作有助於預防呼吸道感染、提高免疫力、預防感冒。全身性的伸展活動，對於消化、泌尿、與生殖系統疾病都可有效預防；若能在睡前、早起都能確實地做一次這個動作，身心都能因此感到舒暢，腰痛或肩膀僵硬的狀況也能獲得改善。

注意
在孩子挺起腰部的同時，請提醒他們不要往旁邊看，以免弄傷頸部，此時下巴與喉嚨的距離會越來越近。父母可以在孩子完成體位時，輕輕扶著孩子的腰，隨著孩子的施力而將孩子的身體往上抬，可以更進一步引導孩子去感受不同的身心狀態。

 **閱讀篇**

書名	《這就是我》	《最想做的事》
作者	威希特	瑪麗・布雷比
出版社	格林文化	遠流

其他：《大象艾瑪》，圖文／大衛・麥基，和英出版

閱讀學習單 動物的一天

如果用一種動物來代表自己，選擇會是什麼？如果用一種顏色來代表自己，決定又是什麼？畫出這個動物快樂的一天，建議透過四格漫畫表達出來。

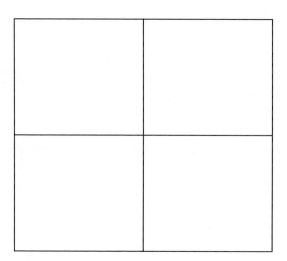

關於「欣賞」，給爸媽的延伸閱讀

肯定的重要性

我們都知道學習如何肯定對方的感覺、承認對方的現實，可以讓關係更加和諧，也能減少衝突，因為肯定就是「分享權力」。如果能讓對方感受到足夠的尊重，並且透過溝通讓對方相信自己被肯定，可以使互動的一方感覺到他在你的心中具有地位。

過往我們常用的方式是在孩子做到我們期望的標準時，說「你好棒！」「你進步了！」來給予讚美，以為這就是肯定，卻極少在孩子與爸媽有衝突發生時，仍能做到這件事。爸媽或許會說：「如果我就是不同意這孩子說的話呢？我為什麼要肯定他？」其實兩者並不相違背，因為「肯定不是同意」，而是用「正確」的字眼讓孩子冷靜下來，是跟孩子表達你想確認他的想法、理解他的邏輯，即使父母不同意孩子的想法，但是孩子也擁有表達意見的權力。也就是說，我們不用同意彼此，但是一定要肯定彼此的想法。

欣賞是最受用的同理心

如果我們單純只想幫助孩子，卻沒有先深入地了解孩子為什麼做不

好或做不到的掙扎，那麼被幫助的孩子往往不能從中得到自信，而爸媽

也很可能從孩子成事的結果而高估或低估了孩子的能力，或與孩子真

實的想法、觀點差異越來越大。即使我的工作與孩子有長時間的接觸，

我也必須承認每個孩子的想法與能力差異之大，往往遠超過我的想像。

　　當認清了這個事實，我必須更仔細在孩子遊戲、創作或其他的活

動中去觀察他們的表情和言行，才能改變我們互動的方式，使孩子覺

得即使他做得不好、有缺點，依然能夠被真心接受。最簡單的做法，

也就是重視孩子提出的想法和感覺，肯定孩子願意付出行動或行為的

價值，而不是直接告知孩子我們自認比較「優越」的建議，尤其是千

萬別對孩子說「如果我小時候做得到（或誰誰誰做得到），你應該也

做得到」，才不會加重孩子累積「被否定」的情緒。

我才沒有在生氣！

如何幫助孩子控制自己的情緒？

不斷自爆的小火山

讀小一的又又聰明靈敏但脾氣衝動暴躁，或許因為之前就讀的幼稚園強調「贏在起跑點」的學習環境有關，習慣了與同儕處在競爭的氛圍，所以進了人數是以前五倍的國小一年級之後，常因適應不良、缺乏合作經驗而情緒暴走。又又與同學起爭執時，屢屢堅持其他孩子是故意向他挑釁、當下不願為突然的暴怒負責，同時更因為小一的數學、英文等學科進度都是他在幼稚園時期已學過的內容，所以他常常覺得上課無聊、缺乏耐心聽講，於是好幾次被導師評為自制力差，同學對他的負面印象也逐漸增長。

聰敏如他，漸漸感覺到大家對他的負面評價，情緒變得容易傷心與憤怒。經過了幾個月的課程後，他逐漸在與我互動的過程中提升理解情緒的能力，也恢復融入團體的自信。

他加入了原本由三個就讀小一的男孩所組成的團體課，原來的三個孩子喜歡以自由創作的方式進行團體遊戲；為了讓中途加入的又又有緩衝調適的時間，我在他加入前先問過他喜歡扮演的角色人物，同時鼓勵他提早動手創作，出乎意料地，又又的回應是：「我到時候再做就行了！可是……第一次可以問大家要不要玩世足版大富翁嗎？」

同樣地，我也在原來的團體課詢問三個男孩對於又又加入團體的想法，也開放他們發表對於課程活動的建議，三人七嘴八舌提出各種提議，但當我拿出酷炫精美的足球造型桌遊時，孩子們開始期待下一次可以玩到不一樣的遊戲，也懷抱著這樣的心情迎接又又的加入。

不料，又又在第一次加入團體課的自我介紹後，當我詢問想玩什麼遊戲時，他頭一撇，小聲說道：「隨便啦！」反倒是其他三個孩子紛紛大聲說想玩「世足版大富翁」，又又這才轉過頭來說了聲：「好吧！我可以一起玩。」在遊戲過程中，又又嘴巴停不了，當森森買了球隊，又又說：「你買啊！等一下錢用光你就會破產了，哈哈！」當小宇屢屢在遊戲中得到獎金，又又說：「有什麼了不起。」當阿超在遊戲過程中進監牢，又又說：「活該！」又又就像一座活火山，遊戲前一切看似平靜，開始遊戲便如同火山爆發，周遭無一能倖免於難。

同時也因為他挑釁每個人，所以三個原來團體的成員逐漸地感覺到又又不是在威嚇他們，因為他的攻擊不是預謀或有固定對象，也沒有計畫性地專挑弱小，但似乎毫不考慮地攻擊任何令他覺得「挫敗」的人。漸漸地，又又略感「失望」，因為他原本預期會受到威脅、或被他人攻擊，沒想到其他三人的眼神似乎只是覺得他有點古怪，大多在又又出言挑釁時能容忍而不被激化。

為避免關注力聚焦在又又身上，導致他產生更大的壓力，我告訴他：「審慎地說話，因為話一旦說出口，就收不回來了。因為場上足球員對自己的說話內容有責任，如果導致衝突，是要負責的喔！」又又停了幾分鐘不再說出攻擊語言，但沒過多久又開始。於是個性大方的小宇忍不住小聲地問又又說：「為什麼我覺得你玩遊戲不開心？」

又又有點不知所措、撇頭粗聲道：「我才沒有！」我請小宇把問題說清楚些，讓阿超和森森也能聽到，小宇仔細地重複問題後，馬上引起阿超的附和，但又又仍堅持說：「我沒有不開心。」我跟他們說我的想法：「我想小宇是在關心又又怎麼了？又又也很快地回答小宇的問題，又又說沒有不開心，但小宇能夠主動關心新同學很棒喔！等一下遊戲繼續，我希望遊戲中的每個人如果想發言，請好好說，讓大家一起參與討論。」

後來遊戲到快下課時，四人皆一派和平。直到準備計算錢幣之際，又又或許因為自己的錢看起來較少，而坐在對面與他共用一個桌面的小宇看來錢很多，於是脫口對著小宇說：「你怎麼可能有那麼多錢？」我請又又放慢速度、說清楚，又又竟毫不猶豫地對小宇說：「你已經買那麼多足球隊了，怎麼可能還有那麼多錢？你是不是拿了我的錢？」

當下，如果說其他三個孩子完全不生氣是不可能的，只是他們可能第一次碰到如又又般「咄咄逼人」的孩子，而一時反應不過來吧！

我說：「又又說了他的想法，而我覺得小宇並沒有偷又又的錢，因為三個緣故，第一，又又是在這場遊戲中唯一將錢擺得整整齊齊的人，老師很欣賞你把錢保管得很好；相反地，小宇的錢擺得很雜亂，有些甚至飄到地板上，我覺得他在管理金錢上還需要多學習。第二，阿超和森森也可以發表看法，以前跟小宇玩遊戲時曾經被他偷襲或偷過東西嗎？……從來沒有過，是不是？謝謝阿超和森森的保證。第三，老師是銀行，也擔任這場足球遊戲的裁判和經理，我有認真負責做好我的責任——仔細看遊戲的過程，又又問小宇為什麼那麼多錢，我記得剛剛發了非常多次獎金給他，他今天運氣特別好啊！」

當我說完，令我意外的是，小宇當下竟拿了好幾張遊戲裡的錢幣說要給又又，雖然小宇的寬厚與憐憫促使他想做這件事，卻使得又又更加不好意思，於是我說：「小宇你把錢給又又是破壞遊戲規則喔！

而且阿超、森森怎麼辦？好像不公平吧？」於是小宇把錢收回去，又又也露出了微笑。

趁著氣氛正融洽，我對這四個可愛的孩子說：「如果今天又又懷疑的對象是其他人，你們覺得有沒有可能他已經衝過來抓著又又的衣領咆哮了？又又也可能已經還以兩拳了？……又又點頭啊？（笑）然後你們兩個可能火爆地扭打在一起，那我和阿超、森森、小宇可以做什麼呢？我們只好拿著水槍掃射你們，幫你們把怒火澆熄啦！」說畢，四個孩子已經哈哈笑成一團，彷彿忘了剛剛的不愉快。

接著開始計算錢幣，我讓孩子們先試著自己算錢，小宇的數學計算能力較弱，我請最先算好錢的又又去協助小宇，單純的小宇頓時鬆了一口氣，開心的呢！那天最後誰輸誰贏，我想對每個第一次玩這個遊戲的孩子都很重要，但是對於又又來說，能在遊戲結束之際，卸下沉重的防衛，得到小宇一聲誠摯的「謝謝」，我想更是彌足珍貴的成功經驗與甜美收穫。

噢，我好像還是沒公布究竟那天誰最輸？誰最贏喔？

請你猜猜看囉！

幫助孩子學習冷靜，
爸媽可以和孩子一起做什麼？

 **創作篇** 自我剪影

材料：

❶ 畫筆（鉛筆、蠟筆、彩色筆等硬質畫筆）。

❷ 四開或八開圖畫紙兩張。

❸ 過期的雜誌或報紙。

❹ 剪刀、膠水。

步驟：

❶ 將雜誌或報紙上出現不同表情臉孔的照片或圖片剪下來。

❷ 分別在兩張圖畫紙上黏貼這些剪下來的臉孔，一張貼不喜歡的、另一張貼喜歡的。把最不喜歡的（或最喜歡的）臉孔照片放在中央。

❸ 如果孩子想在其中增加其他表情，也可以畫出來。

❹ 注意讓孩子感覺最負面的圖畫表情，請孩子說說看這個人可能是做了什麼事，所以出現這樣的表情？或者是身邊什麼人最常出現這樣的表情？有沒有哪一個表情和自己最像？

概念

這個方法其實是一種自畫像的變化，可以幫我們從旁了解孩子對自己的哪些缺點最不能接受，卻最常投射在其他人身上。

 火藥變鑽石

適合年齡： 7歲以上（可進行具挑戰性的文字或數字遊戲）。

人數： 至少三人，一人當主持者。

準備素材： 數張卡片、筆。

做法：

先設計 6 張索引卡，然後分別列出火藥圖片 6 張（負 1 分），鑽石圖片 6 張（正 1 分），如：索引卡——心跳；搭配的兩張火藥圖片背面寫上文字「減緩」、鑽石背面寫「加速」；索引卡——胃部：搭配的火藥圖片背面寫上「放鬆」、鑽石背面寫「緊縮」，一般跡象還包含肌肉緊張、臉部發熱、呼吸加速、音量提高等身體警訊，我們將憤怒即將出現的正確反應列在鑽石圖片上。

索引卡 1	心跳	加速（鑽石 +1）	減緩（火藥 -1）
索引卡 2	胃部	緊縮（鑽石 +1）	放鬆（火藥 -1）
索引卡 3	肌肉	緊張（鑽石 +1）	鬆弛（火藥 -1）
索引卡 4	臉部	發熱（鑽石 +1）	變冷（火藥 -1）
索引卡 5	呼吸	加速（鑽石 +1）	減緩（火藥 -1）
索引卡 6	音量	提高（鑽石 +1）	降低（火藥 -1）

玩法：

❶ 先向孩子解釋：如果學會觀察身體的警訊，可以幫助自己冷靜。

❷ 遊戲開始先將索引卡洗牌，主持者抽出索引卡後拿出相對應的兩張文字卡片，玩家輪流選擇覺得是身體警訊的文字卡，再翻開背面的圖，若是代表正確反應，即會出現「鑽石」，若選擇錯誤，那麼翻開背面會是「火藥」。

❸ 待索引卡全數抽完計算分數，如果火藥的負分沒能被鑽石的正抵銷，就表示輸了，也代表生活中常常有憤怒的火藥危機。

重點

遊戲的目的是在協助孩子確認這些早期的身體警訊，當身體處在低度緊張狀態就能先察覺時，比較容易冷靜下來！父母可在遊戲後對脾氣較火爆、常因怒氣引起混亂、令同儕厭煩的孩子延伸說明：當我們能提早發現自己在醞釀著憤怒情緒，就可以避免後來暴跳如雷、久久都無法收拾的窘境。

 **身體律動篇** 兒童瑜伽「放屁」（排氣式）

練習：

❶ 和孩子一起仰躺、屈膝，用雙手抱住小腿，將膝蓋往胸口拉近。

❷ 吐出一口氣後，抬起頭來，拉近鼻子和膝蓋之間的距離，停留一下。

❸ 爸爸或媽媽此時可以用手輕摸孩子的膝蓋，讓孩子體驗雙膝併攏的感覺。

❹ 不妨叫出一聲「放屁」，然後呼出一口氣，回到原位。

效果

這個動作就像是拔瓦斯罐，可以把壞心情就像放屁一樣放光光！有助於孩子的心情變得穩定、釋放負面情緒。此外，當推出累積在肚子裡的毒氣，就可以刺激腸胃，提升營養吸收能力，也有助於緩減腰痛、便秘的狀況。

注意
如果孩子的年齡較小，父母可以和孩子一起躺在地上，用手輕輕地抱住膝蓋，什麼都不要想，只要滾來滾去就好。這也是嬰兒還在母親肚子裡的模樣。做完這個姿勢，可以讓孩子的心情平靜下來，或許許多內心深處的話語、很難啟齒的事、特別想分享的心情，都能因此緩緩地脫口而出。

書名	《生氣湯》	《家有生氣小恐龍》	《小毛，不可以》
作者	貝西・艾弗瑞	提利・羅伯埃克特	大衛・夏儂
出版社	上誼	大穎文化	維京

閱讀學習單 一張可以呼吸的圖

做法：

深呼吸，是讓生氣的、擔心的、害怕的你平靜下來很重要的方法之一。
常常練習深呼吸，可以幫助我們在真正面對生氣時減少怒氣、更快感到
平靜喔。有一個練習的訣竅，就是在呼吸時心中想像一個寧靜的地方。
所以請你將以下的長方形畫成一個精緻的畫框，再畫一幅你可以在練習
深呼吸時想像的平和畫面。你可能想畫雲朵、夕陽、花朵盛開的花田、
或是兩岸有茵茵綠草的河流。如果你喜歡，也可以剪下舊雜誌的圖片、
列印網路上的照片，貼在畫框裡。

關於「情緒」，給爸媽的延伸閱讀

為什麼孩子 2 歲以後開始喜歡說「不要」？

我們發現 1、2 歲的孩子若有自我中心、不管他人反應的表現，在這個年紀屬於正常的階段。細心的爸爸媽媽可能會發現，大約 2 歲左右的孩子會開始常對大人說「不要」，可是當大人跟孩子說「不要」的時候，孩子的情緒反應可能會糟得令大人受不了。這是一個必經的階段，爸爸媽媽應該感到高興，因為孩子開始有了自己的想法，但不表示應該一直如此持續下去。假如父母不適時給予同理、制止與示範，當孩子進入更有行為能力的 2 到 3 歲時，父母對他們的期待也增強，希望孩子們更自主、更獨立、更能分辨什麼該做不該做，如果孩子的表現遠低於父母的預期，於是許多比「不要」更強烈的負向情緒語言，便會紛紛出籠。

陷入「激化的陷阱」

「激化的陷阱」是父母或孩子最不喜歡的一種關係，由派特森博士提出，第一階段通常是父母與孩子彼此觸怒對方，起初很輕微，例如，父母大喊「不行」或「住手」。導致孩子生氣，父母更憤怒，雙方敵意加高，你來我往，直到有一方無法忍受而屈服才結束。經過多次互動，

可能會來到第二階段，孩子已經知道發飆是遂其所願最有效的方法，所以每件小事都直接發怒，筋疲力竭、怒不可抑的父母很可能會就此投降，久而久之，這種模式就更確立。到了第三階段，父母會對孩子的情緒失控感到挫折，只好回以嚴刑峻法，子女則回以更惡劣的行徑來令父母屈服。

突破氾濫的情緒：一起學冷靜

儘管特別易怒的孩子可能是透過經驗學到對於挑釁行為的過度反應，但他們爆發怒火卻不是事先計畫好的。孩子聽到「不」時的反應，包含長期以來親子間的權力鬥爭，因而他立刻發飆。一旦孩子氣到極點，就無法思考、無法處理任何新的訊息，也無法了解別人的觀點或思索自己行為的後果。《EQ》作者高曼博士將之定義為「情緒氾濫」（emotion flooding）的現象。想要突破激化的陷阱、學習解決憤怒情緒，最好的方法就是：學習事先預防。孩子需要學會：確認自己何時開始懷有怒意，並立即採取步驟，在尚未全面發作或做出衝動行為前，就冷靜下來，父母亦然。

請依照直覺在下列五個圖中，選擇一個你最感興趣的圖？

A. 花園採蜜的蝴蝶　　　　B. 接近水面的金魚

C. 竹籬笆外的小雞　　　　D. 嚮往飛翔的白鴿

E. 樹洞裡的小兔子

我要如何被了解？找出我不能控制或表達情緒的原因。

這個測驗是測為什麼有的孩子情緒反應過強、有的孩子情緒反應過弱的原因與動機，為了幫助孩子理解不適當的情緒反應所帶來人際與社交互動的影響，建議爸媽可以用「皮球」來解釋，小朋友會更容易理解情緒的作用喔！

A. 花園採蜜的蝴蝶→個性型（反應大）

表現：先天個性負向情緒多，情緒外顯，遇到不開心的事，馬上大哭，會堅持自己想要的方式，對於突發、預期外的狀況無法接受，反應很大。

用皮球說明：球丟得很大力，別人難接得住，甚至會想閃開。

<u>給孩子的建議</u>

· 標準設寬一點，不要太堅持己見，告訴自己當下不能做的事情是什麼，但能做什麼或希望別人幫忙什麼。

給爸媽的建議

・放鬆心情看待孩子的情緒，不要讓自己的情緒也變得強烈。長期處在激化的陷阱，很容易成為親子關係的惡性循環。

・提高孩子對新狀況的接受度。例如要轉學孩子情緒反應很大，要有耐心與孩子多聊幾次，讓他慢慢接受。不要因為一提孩子就哭鬧，覺得無法溝通且疲累，而不再交流；試著換別的方式說，讓孩子逐漸了解狀況。

B. 接近水面的金魚→壓抑型（反應小）

表現：缺乏自信心，壓抑自己的真實情感和需求，不擅長以口語或肢體表達想法，通常也不太想讓他人察覺自己的真實感覺。

用皮球說明：球丟得很小力，幾乎掉在自己腳邊，或是動作極不明確使別人看不出想丟球的意思。

給孩子的建議

・找一個喜歡的興趣去投入，讓情緒有出口去抒發。

給爸媽的建議

・父母可以先主動聊自己最近的心情與生活，像朋友般聊天的方式，降低孩子的防禦心，而非強迫孩子直接說出來。讓孩子自然地回應，慢慢地就能表達出自己的情緒和想法。

C. 竹籬笆外的小雞 →固執型（反應由小變大）

表現：思考單一、缺乏彈性，對環境的適應性較差，但剛開始多會強迫自己接受與壓抑負面情緒，直到累積久了撐不下去，情緒強度便隨著時間越久反應越大。例如在家是熟悉的環境，所以回家後狀況都好好的，即使每天無法適應學校生活，也不會主動透露，別人很難觀察出來，直到無法壓制時，才會出現強烈的情緒反應。

用皮球說明：球一直丟錯方向或只跟自己玩，不把球丟給別人。

給孩子的建議

· 尋找讓自己有安全感的人事物，降低環境適應的壓力。例如，在學校認識同學，剛開始一次一個就好；剛去到陌生的地方，可以帶些令自己感覺熟悉卻不會顯得突兀的事物，如手帕、小玩具等。

給爸媽的建議

· 因為這類型的孩子想法較單一，可以多帶孩子參加活動，擴展生活經驗，讓孩子在平日的生活中多些機會聽到與自己不同的想法，使原本固執的單一想法逐漸增加一點彈性。

· 引導孩子去理解每個人想法與動機的差異性。例如在共讀繪本或看卡通時，不要只是問孩子對結局的想法，而是與孩子討論，劇中除了主角以外的其他角色，為什麼會有不同的行為與做法。

D. 嚮往飛翔的白鴿→衝動型（反應大）

表現：多是一時衝動，而非固執的情緒沉溺，較依自己的興趣和喜好行事。個性上極怕麻煩，所以會使孩子負面情緒發作的，通常是需要配合度或服從性高的活動，或執行困難度較高的功課時。例如，「寫作文」若剛好是孩子很排斥或不感興趣的靜態活動，可能當一聽到媽媽提醒他寫作文，就會馬上情緒反應大。這類型孩子也常有另一種表現特點：除了動作反應大，往往聲音的音量也很大，因此常被說沒禮貌。

用皮球說明：別人還沒準備好要接球，球就丟出去了。

給孩子的建議

· 學習觀察自己說話的音量。例如，當發現自己的音量變大時，通常也會是衝動情緒發作的當下。此時，先提醒自己的音量小一點，並用眼、用心觀察，對方是否準備好要開始專心聆聽你的意見。若能

逐漸提高自我覺察的能力，表達情緒的能力便能慢慢進步。

給爸媽的建議

· 幫孩子做分段性的規畫，因爲這類孩子的專注持續力可能較低。請爸媽回想，過去是否有過這樣的經驗：當孩子一聽到要做完某件事時，總是反應很大，或者一直抱怨覺得好麻煩？爸媽可以就這些事項先跟孩子討論，目標是降低事情的複雜度。例如可以分幾個階段，分次完成，不用堅持規定孩子，一次就做完。

E. 樹洞裡的小兔子→依賴型（反應大）

表現：依賴心較重，想要父母陪伴。從小慣常以哭鬧引起注意力，若父母受到孩子的情緒影響而屈服時，通常會強化孩子哭鬧的情緒反應。

用皮球說明：只想別人做球或丟球給自己玩；但當球到自己手上時，會緊抱著球不放。

給孩子的建議

· 學習多和朋友、同學或手足分享心事或請求協助，以慢慢減少對父母關愛度的需求與依賴。

給爸媽的建議

· 適度忽略孩子明知故犯的行爲，當孩子想透過強烈情緒引起父母的注意時，父母若馬上回應並提供需求，會讓孩子潛意識認定這樣做是可以的。建議父母在孩子有這類的狀況時，應該用溫和堅定的語氣，引導孩子冷靜說出想法，當孩子能夠開始以口語表達需求時，給予肯定以強化其控制情緒的動機。

給大人玩的圖畫心理測驗 ①

請依照直覺從這張夜晚海邊風景圖中的五個選項，選擇你感覺最強烈的項目？

A. 釣到大魚的年輕男子
B. 高空夜色的絢爛煙火
C. 海灘上的帳棚與桌椅
D. 石子圈住的球狀夜燈
E. 墊子上未開啓的禮物

　　親愛的爸媽，你喜歡現在的自己嗎？這個測驗幫助你找出有時無法接納自己的原因。

A. 太過努力，不知何時該收、何時該放

　　要求自己凡事做到最好，但面對愛情、親子、家庭等沒有客觀標準的關係時，容易產生現實與想像中的落差，或拿自己與他人做比較，反而忽略了其中最重要的問題，例如孩子的個別差異、忙碌的工作、性生活等。若能理出一直被忽略的生活細節，便能找出頭緒。尋求改變的答案往往不是「更努力」，而是嘗試「用不同的方法」，就算你無法成爲眾人眼中（其實常常是自己幻想中）的理想母親或父親形象也無所謂。

B. 急需支持，懷抱著共同的信念

　　面對生命各階段每次角色轉換的選擇，大多能夠自我肯定，也擁有正向思考的力量做決定，並把握機會。但在長時間的經營過程中，非常

需要另一半、朋友的認同與鼓勵，好讓自己有源源不絕的熱情與動力去實現自我。尤其在婚姻關係中，婚姻不是戀愛的終結，而是另一段生活的開始，一定要想清楚伴侶是否願意了解、參與你的生活。

C. 渴望浪漫，為愛而生的小情人

雖然期待婚後生活依然浪漫，卻也容易知足，只要另一半多一點用心、多一點愛，能感受到被寵愛的氛圍就很開心。但如果一直在努力營造浪漫，關係中的壓力必然不輕，有時還會令人不安。關於浪漫，與其期待對方為你付出，不如自己在生活中增添一些小變化，讓另一半對你「重燃愛意」。當伴侶一同慶祝生活中的小成功、學習探索新事物、安排小旅行，甚至偶爾找保姆帶孩子，讓夫妻有機會將注意力放在彼此身上，就能使關係更穩固、連結越強；而父母感情好，對孩子絕對有益。

D. 缺乏空間，需要喘息的機會

單身時擁有獨立的時間與空間，在有了孩子之後，把親子或婚姻關係視為自己角色或責任的延伸，反而倍感壓力。其實這樣的內在衝突往往是來自對關係的期待過高，才會有逃避的矛盾心態。要解決這個難題，最有效的方法是設定個人界限，而理想的個人界線是可以表達自己、做自己，並感到被尊重與珍視。試著找出你覺得最重要的界限、特質或價值觀，與另一半對話，讓他了解你的需要。另外，每天保留一點點時間與自己獨處，善用這個時刻，當感覺擁有自己多一點，就能更慷慨分享。

E. 失去平衡，計畫趕不上變化

進入婚姻、生兒育女後，生活會改變很多，需要重新認識且喜歡上現在的自己，是每個爸爸和媽媽都需要學習的人生課題。當你對自己的期待，還沒有從身分的轉換上做調整，可能會因為期待錯誤，使自己越來越焦慮。也有可能是發現與過往期待中的自己差距變大時的壓力，使你喘不過氣來？別忘了欣賞，自己與另一半一步一腳印的耕耘與付出，才有的美麗奇蹟。

探索愛與關係

第二篇

如何引導孩子了解別人？

愛與自由

　　我曾進行了一次結合瑜伽、遊戲與藝術等元素的家族治療，與一個非常溫馨卻充滿挑戰的家庭一起學習。這個家庭的成員包括爸媽、患有自閉症的妹妹萱萱和聰慧敏感的哥哥小杰，還有從小照顧萱萱的菲傭阿姨。一開始覺得不太容易，但哥哥小杰在第一次的故事與藝術活動結束前給了我相當大的信心。那一次，我說了一個出發到海洋世界旅行、尋回寶物的想像歷程做為快下課前的創作主題。結果小杰說，他的船會在暴風雨後，把我們這六個人（哇，包括我耶）一起平安地送回家。而且他特別強調，妹妹可能會害怕，所以五個人要團團圍在妹妹身旁，把妹妹保護好。在聽完哥哥的表達後，我不禁說：「我好喜歡你對妹妹這麼溫柔，是我見過最好的哥哥了！」結果小杰居然臉紅地跑開啦！

　　有一次，爸爸無法與我們一起上課，萱萱察覺氣氛與平常不一樣，拉著菲傭阿姨離開了教室。那次，小杰開心又滿足地說：「那這裡都是我的了，你們也都是我一個人的了。」但第二次，同樣的情形又發生時，萱萱選擇留在工作室裡發洩情緒，於是媽媽抱著哭得難以自抑的妹妹輕聲安慰著。直到萱萱停止哭泣，換小杰生氣了。他像《野

獸國》裡的孩子一樣，想像自己是「野獸大王」，命令我們大家都要「自由」，不要管妹妹怎麼了，他大聲吶喊著：「我們都要『自由』。」在引導後，哥哥雖然了解，如果自由代表著「沒有妹妹」，那他也不會感覺快樂。但知道是一回事，不能發洩是一回事啊。

於是那次我帶大家一起做了「拔氣式」的瑜伽動作，大家一起躺在墊子上，用手輕輕地抱住膝蓋，什麼都不想，就只是在墊子上滾來滾去。身體的動作很神奇，一下子就讓心情獲得了舒緩，之前的激動，都慢慢恢復平靜。最後再緊緊抱住膝蓋，將膝蓋往胸口靠，吐出一口氣後，將頭抬起來，拉近鼻子與膝蓋之間的距離，這就是「嬰兒的姿勢」，就像孩子在母親肚子裡的模樣。只是在那個時候，我說：「放屁！」媽媽和阿姨嚇了一跳說：「什麼？」我說：「現在，想自由放屁的人就放吧！」結果大家一起想像如何開心地將肚子裡悶住的氣都推出來啦！下課前，我建議小杰，下次如果他覺得大家都因為萱萱而有不自由的感覺時，請他溫柔地提醒我們：「放屁吧！」

從此，「放屁」變成我們之間的暗語，但小杰從來沒有這樣跟我們說過。我不禁想：「溫柔的小哥哥還在啊，親愛的孩子。」

接觸重度特殊兒家庭時，有時我也會有哀傷的感覺；而小杰，妹妹是重度自閉症，但他從氣哭到破涕哈哈大笑的這些轉變，讓他單純地感覺到，擁有妹妹，他也一樣能擁有「自由」啊！我衷心希望，小杰能一直記得這個感覺，開心地接受妹妹來到這個世界上，做個永遠能陪伴妹妹成長的哥哥。

生命中最幸福的事之一，就是能遇到兩種人：一種是打開心門的人，一種是陪伴走過心路歷程的人。這樣的人，就像天使，當我們能夠成為別人的天使，也是幸福。

引導孩子了解別人，
爸媽可以和孩子一起做些什麼？

 **創作篇** 家庭設計師

材料：

❶ 各色珍珠板（有無紙箱皆可）。

❷ 家具型錄、其他玩具、車子類等各種雜誌目錄。

❸ 膠水、剪刀。

步驟：

❶ 先裁好各色需要的珍珠板，做為房間的牆壁。

❷ 剪下雜誌上喜歡的各式家具或生活用品。

❸ 想像自己是個室內設計師，透過將剪下的家具黏貼在珍珠板，完成一個家。

❹ 完成後可擺放在桌子或地板，或放在一個可以陳設珍珠板（房間）的紙箱。

概念

無論孩子布置的空間是哪一種風格，父母都要予以尊重，也可以從中發現孩子空間規畫、美感經驗的能力。有的孩子喜歡將自己的房間與父母或手足放在一起，有的孩子會規畫自己的書房、臥室、玩具間等。孩子設計的房間，正是他目前心靈世界的縮影。

 **遊戲篇** 你話我手

適合年齡： 6歲以上 能聽懂、亦能運用口語指令。
準備素材： 圖畫紙兩張、筆。
玩法：

❶ 請孩子伸出右手或左手放在圖畫紙上，爸爸或媽媽拿好筆後，將眼睛閉上。

❷ 請孩子將父母拿著筆的手，引導到紙上大拇指下方的手掌與手腕交界處的位置。

❸ 然後由孩子下語言指令，引導爸媽把孩子手的輪廓畫出來。

❹ 完成後，孩子再告知爸媽可以睜開眼睛看作品。換孩子閉上眼睛，由父母語言引導孩子畫出父母的手。

重點

這個遊戲結束時，父母會從中發現，原來有時跟孩子說話，自以為說得很清楚，若不能從孩子的觀點與年齡去解釋時，會讓孩子宛如瞎子摸象，越聽越迷糊！

 身體律動篇 兒童瑜伽「獅子王」（獅子式）

做法：

❶ 先採取跪姿，背部挺直，手掌著地，雙腳打開略比肩膀寬。

❷ 吸氣，上半身撐地，像獅子般，將眼睛瞪大，凝視前方。嘴巴大張，用力將舌頭吐出，盡量往下拉伸，下巴向內收。

❸ 發出自信的獅吼聲：「吼～」此時有可能會刺激唾腺分泌，口水流出是自然反應。

❹ 吐氣，臀部往後坐在腳跟上，雙手輕鬆放在腿上。

❺ 舌頭收回，閉上嘴巴，可將眼睛也一起閉上休息幾秒鐘，放鬆面部肌肉。再回到第一個步驟重新練習，可重複三次。

效果

可以擴展胸腔，強化心肺功能。同時這個動作能增加自信心，紓解壓力。特別的是，可使舌頭上的味蕾更加敏銳，靈活面部肌肉，以及消除口臭，間接緩減口吃、結巴等語言發音的困難。

注意
動作越誇張，效果越好，所以一起陪同的爸媽盡量拋開形象、放下身段，不用擔心美醜的問題，一起體驗扮鬼臉、當獅王的樂趣吧！除了可以帶動親子共同練習的興趣，歡樂的吼叫聲還能使親子關係大加分喔！

書名	《你還愛我嗎？》	《我媽媽》	《我爸爸》
作者	艾爾哈特・迪特爾	安東尼・布朗	安東尼・布朗
出版社	大穎文化	格林	格林

閱讀學習單　他／她的心聲

由爸媽挑選一本繪本，只要這本繪本除了主角外有較多其他配角即可。
讀完後，讓孩子發想配角人物在故事過程中為何說那些話，或做那些
事？如果主角和配角的角色互換，因為個性不同，那麼原本的故事情節
可能會發生哪些變化？怎麼發展呢？
如果孩子不知道怎麼做，請爸媽先挑選一本繪本做示範喔！

關於「關係」，給爸媽的延伸閱讀

關係與親子的教養

「人與人之間，不是因為溝通不良而失去連結，而是因為失去連結而溝通不良。」這也正是為什麼需要引導孩子了解他人的原因。因為如果我們各說各話，那麼說得再多、相處再長，都無益於解決當下的問題，也不能使雙方的關係往更理想的方向邁進。對親子關係來說，有許多細節與挑戰在生活中每天一再地上演；如果我們想改變孩子的生活作息、寫功課的態度、學業的成績……

就必須有穩定且彼此安心的關係，尤其外在生活變動越大時，更需要確認關係的安全感。因為一旦關係改善，許多事情都會更加容易。

焦點在於人，而不在於「事」

思考著改善與孩子間的關係，我們會更有耐性「傾聽」，也更能專注在彼此的需要上。因為當一味地專注於「事情」，我們可能直到問題解決才能將壓力釋放，卻忽略了一起經歷挑戰、樂趣、困難或新體驗的歷程，才是使關係更加深刻有意義的關鍵。專注於「人」，尤其

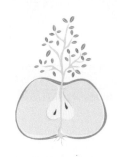

是欣賞孩子在每一個成長階段中所展現的情緒、特質或能力，可以使我們更彈性給予他們真正需要的幫助與支持。有時因為大人不急於出手，反倒激起孩子的自主性和獨特性（即使是不好的，都不失為多一個理解孩子的機會），甚至出現令父母驚喜的表現。釐清了彼此的關係，可以使雙方更知道如何表達「聲音」，反而不被限制，可以更加自由。如果爸媽能夠安靜守候在孩子身邊，給予孩子嘗試挑戰或失敗的機會，不只在教導孩子為自己負起責任，更是父母啟發孩子謹守界線、彼此尊重的最佳示範。

我希望妹妹不要那麼漂亮！

如何改善手足間的
關係與溝通？

兩個星球

　　3 歲的兔兔因為語言遲緩來尋求藝術治療的協助，但隨著語言、表情、動作與聯想力的進步一日千里，爸爸、媽媽反而對兔兔整天靜不下來、問個不停感到困擾。兔兔也感覺到爸媽對她不耐煩的態度，於是孩子在治療課出現這麼一段自言自語的對話：

　　兔兔說：「我很喜歡我爸爸啊！可是……唉！」
　　兔兔說：「我很喜歡我媽媽啊！可是……唉！」

　　兔兔家是雙薪家庭，父母平日工作繁忙，所以每天下班從保母家接回兔兔時早已筋疲力竭。我建議爸爸、媽媽如果無法應付孩子旺盛的體力與層出不窮的問題，那麼安安靜靜地守在身邊也好，或者專注地回應孩子說：「怎麼辦？我也不知道耶。」或許也是一個具有包容性的回應喔！

　　到了兔兔 4 歲時，因為獨特的語言方式與尚未成熟的情緒發展，被懷疑診斷為亞斯伯格症。這下子好不容易陪伴孩子走過一年早療之路的媽媽又開始焦慮了，對於孩子的言語與動作表現相當緊張。有一

次，在與媽媽共讀繪本時，兔兔問：「這個藍色的湖水是深的，還是淺的？」媽媽説是「深的」。有一回兔兔生氣，她不哭鬧也不尖叫，而是冷靜地説：「我要把媽媽丟進深的水裡。」嚇得媽媽來電問：「爲什麼我們兔兔這麼恐怖？」

又另一次，兔兔在家剪剪貼貼，因爲媽媽命令她吃飯前先把剪刀收起來，她因爲不想停下手邊正在做的事而不高興，就對媽媽説：「我要把媽媽當成剪刀收進抽屜裡！」這次又讓媽媽覺得驚恐萬分，深怕自己養出了一個將來會對全家性命不利的孩子。

我試著回憶起在玩遊戲或説故事時，兔兔時常迸出的「詩人語言」，與媽媽形容的對話内容有異曲同工之妙。追根究柢、説得更白話些，孩子只是在表達她不開心、對媽媽生氣的情緒。我在電話中請媽媽回想：寧可回到過去、開始治療之初，一不開心或需要等待就哭鬧、打人、丟東西、吐口水，還是試著去欣賞孩子已能用清楚的文字去表達情緒的進步呢？

有時候，用顯微鏡或放大鏡來觀察或評價孩子的所作所爲，反而失去了從遠鏡頭看見孩子全貌的機會。就如同每個人都聽過的半杯水理論：同樣是半杯水，觀者的角度不同，就會有不一樣的感受。看到還剩下半杯水的人，會因爲擁有半杯水而心情愉悦；若看到已缺少半杯水的人，可能就會産生沮喪與失落的情緒。孩子在成長的過程中，就像一杯隨著年齡不同而逐漸改變容器大小的半杯水。對於孩子而言，永遠都有需要學習的東西，永遠都有達不到的目標，所以成長中的挫折感總是如影隨形地存在著。若爸爸、媽媽可以看到孩子所擁有的半杯水，認同孩子並給予鼓勵，將會是孩子激發人性中善良和解決問題的潛能的最大動力。

我也提醒媽媽，與孩子互動最忌諱大呼小叫。因爲孩子除了可能

會模仿外，大人本身也會因為反應強烈、情緒起伏而太過焦慮、挫折及不知所措。所以當孩子希望引起注意，可能就會重複出現這些看起來會使大人激動的語言或行為。

隨著孩子上了幼稚園中班，與同儕的互動頻繁，兔兔各方面都穩定地成長，媽媽似乎也較為放心。直到近日，我又收到兔兔媽媽的來信：

邱老師，前幾天兔兔又變得奇怪了。事情是這樣的，平日早上我們夫妻倆先將妹妹送到兔兔的爺爺、奶奶家，再帶兔兔去幼稚園上課。結果前天她發燒，所以兩姊妹一起被送到爺爺、奶奶家，她很喜歡那兒，晚上我去接她，她就跟我說不想要去上學。我說不可以，她就露出不悅的表情。我站在她面前，看著她胡鬧鬼叫，她就很氣憤地跟我說要用熱水燙我！對了，也說要攻擊學校！

那天妹妹因跌倒受傷貼 OK 繃，她也想要貼，一直說要把自己的手弄受傷，然後可以貼，我和爸爸怕她弄傷自己，想在她手上也貼個 OK 繃，並告訴她：不用受傷就可以貼唷！結果她不接受這樣的說法，說要受傷才可以！

唉……我本以為她好多了，這兩天發現情況仍然很嚴重啊！怎麼辦？

我回信道：
親愛的兔兔媽媽：

兔兔的怪行為是與她的「壓抑氣質」有關，她並不是極少數，只是她的強度比較高。在看到、聽到、聞到不熟悉的刺激時，這類型的孩子會受不了，甚至苦惱，於是大哭或胡鬧或手腳不聽使喚。但是，先天氣質並不會完全決定她的命運，後天經驗會影響她更激烈或逐漸降下來。

如果在她這樣時，旁人一直盯著她看或出現一些不自然的小動

作，會讓她恐懼或更嚴重。因為她的先天氣質如此，自然會對別人細微的表情或姿勢更敏銳，這也是為什麼兔兔在媽媽身邊會比較激動，因為您在兔兔出狀況時的表情與動作都過於誇張，反而會提高兔兔的警覺性，久而久之便惡性循環。

　　請試著提醒自己兔兔是多愁善感的詩人，您若一味嚴厲要求她聽話，她是有可能因為不服從而以語言攻擊您。但從信中讀來，她現在進步很多，不再輕易地動手動腳，就是一個很大的進步啊！還記得她去年初剛開始上課還是一個會吐口水、亂丟東西或打人的小孩嗎？多想想她的成長，但也要想她不容易轉變的地方，才能讓親子關係變得輕鬆愉快。

　　另外，她不想去學校，或許是因為跟妹妹玩了一天。可以跟她說妹妹今年九月快陪她一起去上學了，所以如果她能常跟妹妹說學校今天有什麼好玩的事，妹妹就不會害怕上幼稚園了，而且會越來越想趕快跟姊姊一起去上學喔！

　　希望兔兔逐漸懂事，相信當她大班帶著妹妹一起上幼稚園時，一定是一個充滿信心的姊姊！

　　請媽媽多釋放同理孩子情緒的訊息，並欣賞兔兔與生俱來獨一無二的個性特質，相信您會更能掌握兔兔每一個情緒變化。

　　祝福您。

　　也許兔兔與媽媽仍像是兩個星球上的人類，嘗試著對話卻屢屢碰壁，就像人們常說的：「最遙遠的距離就是我在你面前，但你卻不懂我。」但我想只要媽媽持續用心，有一天，她和兔兔一定可以笑著對談：「這條遙遠的路，我們終於一起走過。」

改善手足間的關係與溝通，
爸媽可以和孩子一起做些什麼？

 **創作篇** 交通工具拼貼畫

材料：

❶ 一張四開或二開的紙。

❷ 一些正方形貼紙、其他形狀的貼紙，例如圓形點點貼。

❸ 幾張衛生紙、吸管、打洞機、彩色透明膠帶。

步驟：

❶ 在沒有剪刀的情況下，手足一起創作出一樣和交通工具有觀的成品。

❷ 無論是一艘船、直升機或熱氣球等皆可。

概念

參與的手足需要以想像的方式去建立互動的技巧，包含互助合作及對他人的敏感度。如果孩子沒有手足，可以邀請他的朋友或同學，甚至其父母一起參與。對於較小的孩子來說，他們會格外重視和比較大的孩子或大人平起平坐參與活動的機會。比較大的孩子或父母，則盡力攜手合作將想像中的東西完成。

建議多做幾次類似的活動，父母與孩子或手足可以輪流當交通工具的隊長。如果需要增加副隊長，可以讓每個人都學習當權威人物發號施令，也可以讓大家學習順從領導者的決定，這對向來只喜歡當領袖且自視甚高的孩子來說，有機會學習了解別人的期待是什麼，當孩子能夠勝任在團隊中每一個角色的特性與職責時，才能發展出真正的領導能力。

遊戲篇 墨跡圖形遊戲

適合年齡：至少 7 歲以上 有文字（包含注音）書寫能力。

準備素材：一張八開圖畫紙、墨汁。

玩法：

❶ 由爸媽在紙上滴一些顏料，然後將紙對摺，兩邊擠壓一下。

❷ 打開這張紙前，要求參與者坐在固定的位置上。打開後，請每個人立刻寫下，從自己的角度看這張紙可以聯想到什麼訊息，盡量多寫。

❸ 當大家寫完對這個墨跡的反應之後，要求每個參與的玩家解釋自認這墨跡具有什麼意思。在換下一位發表看法之前，務必確定每個人都了解他說的意思。

❹ 等每個人都分享或解釋了看法後，將墨跡上下顛倒，再請每個人重玩一次。

重點

一般來說，上下顛倒的墨跡圖形會有完全不同的解讀。當結束遊戲後，以墨跡為隱喻，幫助孩子了解不同的人對同一件事有不同的看法。因為大一點的孩子更容易困在自己的觀點出不來，他們不易了解小一點的孩子可能對同一件事情有不同卻一樣有價值的看法。

遊戲中限制孩子不能在別人未分享完前插話，是想讓孩子避開「糾察隊」特質：急著說自己的觀點，並覺得自己的看法才是正確的。

 身體律動篇 兒童瑜伽「桌子」（前拉式）

練習：

① 坐在地上，雙腳往前伸展。

② 將雙手指尖朝前，在腰部一帶的位置平穩著地。

③ 彎曲膝蓋，使腰部騰空。

④ 用雙手雙腳取得身體的平衡，使身體與地面呈現平行，雙眼注視著肚臍。

⑤ 此時，爸媽可以問孩子：想像自己是書桌或餐桌？桌上正擺著哪一本書或豐盛的食物呢？爸媽可以用手勢假裝放上去。語畢，身體再慢慢地回到原位。

效果

這個體位使臀部懸空，集中精神於丹田，可以預防內分泌系統的疾病，健全腎經的生理發展。平衡動作也有助於強化意志與決心的能力。

注意
用手取得平衡時，請幫孩子找到容易平衡的位置。將手放在孩子的腰上，讓孩子掌握、感覺身體與地面平行的高度究竟是何種狀態。覺察的當下或許會覺得有些吃力，但只要常常練習，肌力便可因此提升，身體會帶動心靈的變化，無形中也可會開始擁有更豐富的精神與自信。

繪本篇

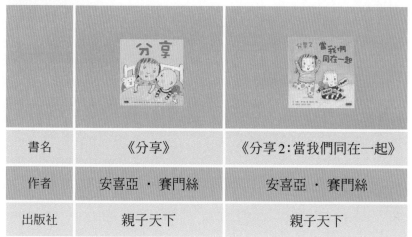

書名	《分享》	《分享2:當我們同在一起》
作者	安喜亞・賽門絲	安喜亞・賽門絲
出版社	親子天下	親子天下

閱讀學習單 如果我是⋯⋯

想像與手足角色互換的感受。家中手足排行較小的孩子,想像如果我
是哥哥或姊姊,我會如何對待弟弟、妹妹呢?反之,在家中排行較大
的孩子,想像作為弟弟或妹妹在出生時,哥哥或姊姊會如何看待他?
如果是獨生子女,則創作「如果我有兄弟姊妹」的感受。

如果我是哥哥／姊姊／弟弟／妹妹⋯⋯

_____

_____

_____

_____

關於「競爭」，給爸媽的延伸閱讀

老大終究還是個孩子

父母生了老二之後，常會期待老大要長大懂事，但孩子畢竟是孩子，如果沒有老二，就比較能把老大當小孩看待，較不會有不合理的期待。所以要常提醒自己，老大雖然比較大，但終究還是個小孩。所以要接納孩子對弟妹的情緒，但嚴格規範孩子的行為。當嫉妒或憤怒的情緒出現時，表達同理和了解，並引導孩子說出來。但有情緒不可以是製造攻擊行為的理由，對於傷害弟妹的行為就要嚴格規範。多安排和孩子單獨相處的時間，使孩子有足夠的安全感及充分感受到被愛。讓孩子知道：「媽媽對你的愛，不會因為弟弟或妹妹的出現而被剝奪，因為媽媽的愛源源不絕，可以變成雙倍的量。」

如何化干戈為玉帛？

父母要避免出現比較兄弟姊妹的評論，如「弟弟比較乖。」「為什麼不學學哥哥？」任何比較，都會強化競爭和仇恨，尤其別說：「你是

哥哥，本來就要讓弟弟。」之類的話。孩子很容易選擇性地注意到「哥哥」「姊姊」「弟弟」「妹妹」的稱謂，而誤會父母偏心。在生活中製造機會讓孩子互相倚賴或互相幫助，因為當對立的兩方有共同的敵人時，就會變成同一國開始合作。有時在遊戲中，父母可以扮演孩子共同的敵人，讓孩子們聯手打敗，創造合作互利的機會，讓孩子從遊戲中發現對方的優點，就能逐漸找到手足和平相處的模式。

如何用對方法吸引別人的注意？

蜘蛛人也抱女生

五歲的小豪因為社交的判斷力不足，明明渴望交朋友，卻常常做出不當動作，嚇跑許多可能當朋友的同儕，還阻礙了大家了解他真正的優點。大班剛開學時，爸媽提到他常常跑去熊抱班上一個小女生，如果別的小朋友說了不跟他玩，他會更變本加厲去擁抱別人。

因為聽到爸媽跟我提到學校的事，他一進到治療室，先是說電影裡的蜘蛛人也有抱女生，女生雖然有尖叫，可是其他人都拍手，也覺得蜘蛛人很棒！

我心疼孩子在交友的困境中掙扎，但一味地同情或憐憫並不能幫助他，必須幫助他了解因果關係，才能逐漸減緩他目前製造的社交問題。我問他：「在電影裡，蜘蛛人抱女生之前，發生過什麼事？」「在這個事情之前，先出現過什麼狀況？」他需要協助才能說出比較完整的關連性，而不是將注意力集中在自己判斷的結論上。

於是他最終可以理解蜘蛛人是在「救人」，所以眾人讚賞的眼神是來自於肯定他幫助人的行為。但因為他在學校中「未經同意就抱人」的行為，反而使他變成愛搗蛋的角色。他有點不解地問：「可是大家覺得他很好玩，因為他們也都在旁邊哈哈笑啊？」我說：「小豪，你說話和表演的時候真的超級可愛，我相信小朋友是真的很開心，所

以老師也說你很棒；但你抱小梅的時候，小朋友會不會是在取笑你，或是小梅呢？你分不清楚是不是？但每次都被老師處罰，而且小梅也不跟你玩了，你想一想是不是比較能分清楚了？」

內化了這個訊息一段時間之後，他漸漸懂得停止，不再過於衝動，在學校逐漸有些孩子會邀請熱情的他一起玩。有時候他會自己透過畫畫或遊戲表達在學校發生的困擾，但有一次他一來便直接說：「我今天在學校哭了很久……因為有小朋友說，我死了以後不會上天堂，會被割舌頭……」我想小豪哭得很傷心的原因不僅僅是恐懼而已，所以我問他，願意跟我介紹他學校的同學嗎？他很有意願，我建議他透過一個創作方式讓我記憶更深刻，請他用畫畫來幫小朋友分配房間，可以把他很少一起玩或比較不熟的畫住一樓，一點點好的畫住二樓，普通好的畫住三樓，最好的、希望我也能認識的住四樓，好不好？結果他說，他討厭的畫住在地下一樓可以嗎？我說，可以啊！結果原來咒罵他的小朋友不是住在地下一樓，而是他心中普通好的朋友之一。小豪說：「我本來很希望和他手牽手一起去四樓……」原來，孩子是因為期待過深而如此難過。

活力充沛的小豪，度過了最初的種種困難後，逐漸有些中班或小班的孩子視他為忠誠又願意付出的小哥哥。去年的聖誕節前夕，他畫出一個腦海中發想的聖誕故事。在這個手繪的故事書中，第一個聖誕老公公因為出門送禮物的時候遇到六個沒有地方住的老公公，所以把他們全部邀請回家一起住了，於是創造了七個聖誕老公公的故事。

我知道這孩子依然渴望贏得同儕的歡心與溫暖，或許未來還是會因為情感因素而非存在的事實，使他在發展友誼的路上遭到拒絕，或是不經意地傷害到別人。但做為一個看著這孩子在學習與人相處的路上屢仆屢戰的治療師，我好想將勇敢的他真心地抱入懷呀！

幫助孩子用對方法吸引別人的注意，爸媽可以和孩子一起做什麼？

 **創作篇** 創意名片

材料：

名片紙或喜愛的顏色厚紙張、畫筆、細簽字筆、剪刀、膠水、參考用名片一張、透明保護膜（可有可無）。

步驟：

❶ 若不是直接使用名片紙，可先裁切 9cm×4.5cm 的基本款名片大小。

❷ 將爸爸或媽媽的名字、身分、電話等可以做為公開連絡資訊的項目寫在上面，以創意字體或有特色的圖案做為裝飾，盡量讓孩子發揮獨特巧心。若想要做正反兩面的話也可以。

❸ 完成後，可以護貝或貼上透明保護膜增加保存性，一張由孩子幫爸媽設計屬於獨一無二的名片就完成了。

概念

利用幫爸媽製作名片，讓孩子知道名片的功能是「介紹自己」，並且有機會更加認識爸媽，甚至為爸媽服務。如果爸媽能夠在孩子完成之後，示範如何使用和告知名片可以運用的時機和場合，更能延伸教育孩子認知的課程與生活教養喔！

當孩子知道名片的用途後，或許會期待擁有一張自己的名片，並藉由分享感受到被重視的感覺，那麼爸媽不妨陪伴孩子完成生命中的第一張創意名片，重新「正式」互相地自我介紹一下吧！

 **遊戲篇** 搖呼拉圈

適合年齡： 至少 6 歲以上 具有基本的數字與文字理解能力。

準備素材：兩個呼拉圈、音樂（非必要）。

玩法：

❶ 找兩個呼拉圈放在地板上，爸爸或媽媽和孩子站在同一個呼拉圈之中，可以擁抱孩子或讓孩子與爸媽牽手、進行一些親密的肢體接觸。

❷ 然後詢問孩子：「有哪些人與你在這個小空間是可以感到自在的？」傾聽孩子的答案後，再向孩子解釋父母、祖父母、導師、手足等熟悉且值得信任的親人，的確是喜歡孩子的擁抱與近距離接觸的。

❸ 接著播放一些輕快的音樂，與孩子分別站在一個呼拉圈中，並各自拿起呼拉圈、放在腰際，搖呼拉圈的同時，確定兩個呼拉圈不會碰在一起（目的是讓孩子感覺與他人相處時，什麼程度的親近是比較適當的）。

❹ 當孩子可以輕鬆地掌握不讓兩個呼拉圈碰到的距離後，兩人可以拿開呼拉圈，爸爸或媽媽站好，讓孩子從各種不同的方向走向大人，直到他估算出適當的社交距離為止。

❺ 完成後，在地板上貼上紙膠帶，並做上記號。

❻ 完成記號後，告訴孩子，一般來說與其他人最適當的社交距離約是：孩子與大人同時張開雙臂，大約兩隻手臂那麼遠的距離（孩子的手臂和大人的手臂）。再與地板上的膠帶記號做比較，觀察是否有很大的落差。

重點

或許孩子會提出疑問，平時在學校排隊或座位往往與同學的距離比兩隻手臂更近，可以告訴孩子那不算是玩遊戲或下課的自由時間，所以無可厚非。但也因為距離更近，所以有的人會變得十分緊張或更加興奮。此時更忌諱推擠他人、跳來跳去或勾肩搭背，尤其不要用手或臉貼近別人的臉。孩子提出反駁或不解時，可以透過示範讓孩子經驗這些感受，提醒這些擾人的舉動是會引起反感的。

 身體律動篇 兒童瑜伽「美人魚」（側彎伸展式）

練習：

❶ 先仰躺在地板上，然後轉為側身躺地。請挺直身體，肚子核心要用力，以避免身體呈現「く」字形。

❷ 使用位在下面的手掌托住頭。

❸ 將上面一隻腳稍微懸空抬起後，下面的一隻腳也跟著往上面的腳靠攏，呈雙腳併攏的狀態。此時爸媽可以說：「停在這裡一下下，像不像美人魚？兩隻腳合起來，就像美人魚獨特又漂亮的尾巴一樣！」

❹ 慢慢回到原位。身體轉向另外一側躺，同樣的步驟也練習一次。

> **注意**
> 如果孩子的平衡感較差，請爸爸或媽媽幫忙孩子尋找身體平衡的位置，避免身體往前後傾倒。可將手由後放在孩子的腰上，讓孩子掌握穩定的感覺。此一動作結束後一定要休息，建議可用做夢式（P.205）來緩和心靈、充分鬆弛骨盆。

效果

這是一組完成體位時，可以確實集中精神，過程結束後，可以確實放鬆休息的瑜伽動作。因為做此動作時骨盆會收縮，而骨盆的活動與自律神經有密切的關係。鬆弛時，通常是副交感神經運作的狀態；收縮時，則

是交感神經強勢運作的狀態。如果想要集中精神卻無法如願時，不妨試著用美人魚的姿勢來收縮骨盆，就可以達到振作精神、活化腦部，以及刺激血液循環的效果。

閱讀篇

書名	《斑馬花花》	《狐狸孵雞蛋》
作者	文／郭玫禎，圖／張哲銘	凱瑟琳・帕蒙耶・布隆加
出版社	大好書屋	明天國際圖書

其他：《愛蜜莉》邁可・貝達，青林國際出版

閱讀學習單 派對主人

請孩子想像如果擔任小派對的主人，要安排什麼活動？是出遊、吃冰淇淋、看球賽、打漆彈或看 DVD？而對這個活動有興趣的有哪些人？請孩子動動腦、發揮想像與組織能力，設計一張派對活動邀請卡。

（參考示例）

關於「人緣」，給爸媽的延伸閱讀

「完整兒童」的觀點

每個孩子都有其獨一無二的個性，所以在面臨各自不同的社交問題時，也必然擁有相對應的優點。例如，比較安靜害羞的孩子，可以成為很好的傾聽者和忠誠的朋友；較易受驚脆弱的孩子，可能因為成長的經驗而較易培養出高度的正義感，也特別能同理受到欺侮的人；特立獨行的孩子，也許總有奇異、變化多端的幽默感。如果能先正視孩子在社交關係上的優勢，而不是一直和孩子唱反調，直指其做錯的地方，孩子在學交朋友的同時，更能學會悅納自己。

孩子有好人緣的關鍵

與眾不同的孩子，很容易受到排擠或被故意嘲弄，但每個孩子都有與眾不同之處啊！依據我參考的國內外研究與自己的臨床經驗均顯示，一個孩子的內心怎麼想，才是決定他能否擁有良好的社交關係的重要因素。被公認為「最有魅力」的孩子，可能胖嘟嘟或很削瘦、矮小或高壯、很會念書或體育很好。這些人緣絕佳的孩子，有一個共同之處：他們的內心很有安全感，以至於能對別人的嘲弄一笑置之、從容應對。相對地，

常遭排擠的孩子，多半很焦慮，十分在乎別人能否接納他，而這等同於對著少數有攻擊欲望的孩子，釋放出語言或非語言的訊息說：「我在這裡——來欺負我啊！」使自己更陷入困境。

世上沒有「完美的朋友」

我們往往會發現：最無法討人喜歡的人，通常最需要愛。在朋友的交往上，不論大人小孩都一樣，我們都期待著就像缺了一角的圓形，能夠在成長的路上透過與朋友的交往，去補上那個缺角，而成為一個完美的圓。但有時，當我們發現彼此有不能完全契合之處時，可能在朋友面前隱忍自己的特質，也有可能馬上放棄這段關係，轉而結交其他人。或許是因為害怕，也或許是因為缺乏溝通方法，於是朋友一個換一個，也逐漸找不回自己獨一無二的特色。當孩子了解到世上沒有「完美的朋友」時，也會了解到世上不可能有「完美的人」。我們要互相學習妥協，首先找到自己與他人的界線，試著接受彼此能夠「勉強包容」的彈性空間，能夠經得起學習與考驗的關係，才能一起往互信互賴、互惠互利的方向成長。

如何引導孩子幫助別人？

橋的故事

因為必須記錄孩子與我一同工作的過程與改變，常常在夜深人靜一個人和文字工作，回憶、捕捉著和每個孩子白天一起工作的點點滴滴，吉光片羽間的一些片段，有時會心一笑、有時啞然失笑、有時捧腹大笑。

偶爾我會問比較大的孩子，願意讓我將他們的故事拍下來嗎？我發現初期會抗拒的孩子，通常會在第二次或第三次拍攝時，演繹出令人驚喜又讚嘆的故事，一起工作了五年多的小傑，就是這樣的孩子。因為小傑是身心障礙提早保送，比大部分九年級的孩子更早申請學校，在得知他上了「多媒體廣告設計」的科系後，我告知他要在暑假階段讓他和團體中的其他成員一起完成一個故事的拍攝，可以是團隊合作的方式，也可以選擇自己獨力完成。剛聽到這個訊息、無法在短時間適應與接受預期外訊息的他大發脾氣，我說你可以選擇最後一個完成，他還是有點憤怒和感覺焦慮。但隨著其他孩子的分享，他逐漸降低了防衛，我告訴他，也可以拍攝他平時最愛設計的軍事攻防遊戲喔。他的信心逐漸增強，甚至提了一個建議，問我能否讓他有兩次機會？因為目的並不在要求他一次成功，於是答應了他懇切的請求。

他排演了一個由積木和坦克車等組合而成的情境故事，用積木做出類似骨牌的倒塌效應，演繹出戰爭的過程。錄完之後，還興致勃勃地重看了一遍自己的表現。第二次，我心想大概不出戰爭、飛機、坦克、士兵的劇情，沒想到小傑完成了一齣讓團體中每個青少年成員和我都看得入迷的小短劇。

　　他使用相同的積木搭了類似橋墩，在橋上放了一隻倒下的白馬模型，接著一台軍用卡車開上這座橋，遇到頹倒的白馬時原本想要將牠救起放到卡車上，但發現除非拆了卡車的車廂，否則無法運載這隻巨大的白馬，於是卡車倒回開到平地上，拆了車廂再重新上橋，把白馬救回平地後，才繼續往前行。沒想到當卡車再次重新上路，卻發生了地震，橋坍塌了，幸好卡車上的人沒有傷亡，但卻因前後塌陷而動彈不得。此時，白馬出現，牠奔跑上橋卻又馬上往回跑，直到遇到了朋友老鷹，老鷹飛到基地帶領著軍用直升機前來營救，卡車被救回基地，故事告一段落。其他，小傑並無透過太多語言敘述，但生動地穿插飛機與卡車進行中的聲音，使大家都聚精會神地進入故事中。

　　甚至連平常在青少年團體中投入度較低的孩子，也都看得津津有味，小傑臉上出現了難得滿足又驕傲的笑容。我問他：「你要為故事取一個什麼名字呢？」小傑愣了一下，傻傻地笑開問說：「呃……可以叫做『帶路』的故事嗎？」

　　我好喜歡這個「帶路」的故事，相信能夠表達出這個溫暖的故事的小傑，心中必是滿溢著祝福與感恩啊！

引導孩子幫助別人，
爸媽可以和孩子一起做什麼？

 **創作篇** 幸福御守

材料：

❶ 素色名片卡（數張）。

❷ 畫筆、剪刀、線類。

步驟：

❶ 可以先跟孩子這樣說：「如果你想幫助別人，你會祝福別人 什麼呢？爲他人祈求什麼呢？」用心製作幸福御守，無論是送給他人或留在自己身邊天天祝禱，都能帶來不可思議的力量喔！

❷ 讓孩子在名片卡上畫出幸運物，寫下祝福語。

❸ 畫好後在紙上穿洞，將線穿好打結即完成。

❹ 父母可做個平安御守，讓孩子留在身邊，孩子會時時刻刻感受到父母的「照顧」。

概念

心理學家傅蕾德‧瑞克蓀的研究指出，正面情緒能擴大我們的視野、超越自我中心的觀點，也能關心別人的需要和期望。但引導孩子主動幫助別人最有效的方法，卻是強化完成善行之後油然而生的喜悅感。所以在孩子做完之後，請孩子回想創作的原因與過程，父母也試著告訴孩子自己的感受，因爲回味一段助人的經驗，可以讓我們感覺快樂，也更樂於助人。

 **遊戲篇** 金牌律師

適合年齡：至少 9 歲以上 （可進行具挑戰性的文字遊戲）。

人數：至少三人。

準備素材：數張卡片、筆。

做法：

❶ 蒐集孩子曾在生活中與同儕或手足引發衝突的幾個事件，做為法庭遊戲的爭議。在卡片紙上先列出這些事件爭議。

❷ 另選三張卡片紙做角色籤，正面標示身分，背面標示角色要執行的活動。

身分	檢察官	被告律師	原告律師
活動	進行最後宣判	提出辯護論點	說明受害事件緣由

❸ 另選約五張卡片紙做錦囊妙計。被告律師的錦囊妙計有：

缺乏意圖	無心之過	情有可原	出於自衛	能力有限

玩法：

❶ 每回合，先抽一個爭議事件，再讓孩子抽籤選擇角色。遊戲過程中需要三種角色：檢察官（進行最後宣判）、被告律師（提出辯護論點）、原告律師（說明受害事件緣由）。

❷ 若扮演需要被告律師的孩子無法提出為被告辯護的論點，可以先設計幾張錦囊妙計提供靈感，例如：缺乏意圖、無心之過、情有可原、能力有限、出於自衛等，讓孩子進行求救。

❸ 檢察官角色除了宣判結果之外，還要針對辯護律師的論點，評估其合理性或有多少說服力。

重點

這個角色扮演遊戲，對於常常因為別人做錯事就預設對方懷有惡意的孩子，特別有啓發作用。因為總有機會輪到必須為與自己原先立場相對的另一方爭辯的時候，藉由角色不同而需思考對方其他的動機，能幫助孩子對事情的看法更平衡。例如，將事情看成是對方可以攻擊，就容易被激怒；將事情視為意外，則較易饒恕他人。

同時告訴孩子，在民主國家任何人尚未證實罪名之前，都假設是無罪的。這是為了保護自己，也保護別人，避免因為錯怪或誤解而陷人於罪。

 親子瑜伽「過山洞」（親子前彎式）

練習：

❶ 大人和小朋友二人距離約 10 公分，背對背站立，一起做深呼吸。

❷ 吸氣時，兩人都各自彎下腰，注意雙腳盡量伸直、不彎曲。

❸ 大人與小朋友的下彎動作完成後停住，兩人的雙手都穿過兩腿中間，互相牽手，牽住後停留，做深呼吸。到這邊就像是一起搭蓋了一座山洞，當小朋友看見山洞另一頭的爸媽，跟爸媽打招呼說聲「嗨～」。爸媽也要回應喔！

❹ 吐氣時放手，兩人都慢慢起身。

效果

幫助小朋友的記憶力，讓學習變得更輕鬆，孩子的睡眠品質也會更好。延展腿部和背部肌肉，可以預防抽筋，也可避免 X 型腿或 O 型腿，更能矯正脊椎位置喔！透過親子間的合作，一起練習身體語言的傳達，讓彼此扮演支持者的角色，溫暖的關懷與信任的眼神，都能使孩子在過程中感到安全與快樂。

注意
這個動作沒有特別的危險性，但如果爸媽有眼壓過高或高血壓的問題，那就要小心一點。速度盡量放慢，就不會產生頭暈目眩的狀況了。

閱讀篇

書名	《糟糕的一天》	《獅子先生送禮物》	《水桶破洞了》
作者	派翠西亞・賴利吉甫	竹下文子	英格爾＆迪特爾・舒伯特
出版社	英文漢聲	愛智	閣林國際圖書

閱讀學習單 好時光照片

一起做一件新的、令人興奮的事可以增進情感，並爲關係帶來正面影響。請孩子提出想和父母一起做的三件事，可以是學習樂器、或一趟小旅行，甚至只是一起坐摩天輪或玩兩人三腳的遊戲。父母選擇其中一項（在時間與金錢可負擔的範圍內）、與孩子約定日期並做好計畫，完成當天記得拍照留念。每當看到這張照片，可以提醒曾經擁有的好時光。

關於「付出」，給爸媽的延伸閱讀

孩子不是天生就會分享

3 歲以前的孩子，仍處於以「自我」為中心的階段，在他們心中所有東西都是「我的」，也不明白為什麼需要跟別人分享。不僅如此，此時孩子也還不了解「借」與「還」的意義，擔心玩具離開自己身邊，就不能再取回。所以，「不願分享」是正常的現象。教導孩子分享的第一課，孩子要先學會什麼是「我的、別人的」或「借、還」等概念，才能在教育下逐漸體會分享的意義。

你快樂，所以我快樂

當孩子已經有了初步的「所有權」與「借還」概念後，要引導孩子分享，可以先從了解孩子為什麼不願意分享的原因著手。例如，有的孩子是擔心玩具被破壞，那可以問孩子是否願意先從「不易壞掉」的玩具開始嘗試，一旦大人願意先同理孩子的恐懼，孩子願意分享的意願便能大大提升，當孩子分享後立即獲得讚美，未來會更心甘情願分享。

孩子愛討價還價或唯利是圖，怎麼辦？

當孩子越來越大，父母可能會以物質獎勵來強化孩子好行為的動機，包括買玩具、給零用錢、集點數換獎品等。然而，一旦孩子期待中的物質欲望越來越大，就很容易發生目的混淆，把重點從好行為轉到「獎品」上。孩子願意做好一件事，其動力應該來自於完成事情時內心的滿足感與成就感，物質獎勵只有短暫的鼓勵效果。因此，建議家長最好將精神與陪伴活動做為主要的獎勵方式，才不致於讓孩子學會「討價還價」或「唯利是圖」，而未能真正培養出好行為。

精神獎勵最有效

例如，當孩子願意分享玩具時，父母可以讚美：「媽媽很高興你願意分享玩具給小明，小明看起來好快樂喔！他一定很感謝你。你上次想和媽媽一起玩的遊戲，我們是不是可以現在來玩呢？」或者當孩子主動做家事，媽媽可以說：「謝謝你幫忙，我感覺你越來越懂事了，這樣我們就可以有多一點的時間一起聊天、出去走走，媽媽覺得很開心。」先讓孩子感受到助人或分享的成就感，之後以精神獎勵強化，才會讓孩子發自內心地知道付出的喜悅或分享的快樂。

誰來保護我？

如何讓孩子學會
保護自己？

無私的媽媽

今年就讀小一的森森，在老師眼中是循規蹈矩、用心學習、表現優秀的孩子。在他幼稚園時期，因爲懷疑診斷可能是「泛自閉症光譜」中的亞斯伯格症，所以森森的媽媽希望藉由藝術與遊戲等活動和創作中更加了解孩子，也讓森森學會如何適當地表達情緒。我想名稱不重要，森森所呈現的症狀或特質才是我必須提醒自己去協助他適應的部分。在與父母接觸的過程中，覺得森森爸爸雖然不太接受懷疑診斷的結果，但我深刻地感受到他非常愛森森，也許正因爲很愛，所以無法接受孩子與眾不同的天性。

在我與森森相處的這段時間，我最需要提醒自己的原則是：留意腳步不要走得太快，隨時觀察森森有沒有跟上腳步一起走。陪著他走一陣子，他就會放開我的手自己走；當他需要我時，他會知道他仍在一個安全的視線範圍。有一次課程是在森森幼稚園的階段，當他在角色扮演的遊戲中開始出現逃避上學的情節，探詢之後了解他在學校被霸凌，幸好隨著森森的判斷力與表達能力提升，也越能果決並詳實地向大人描述每一次的情形，我和他開始一起發想了 10 種不同的解決方法，而他也能在介入練習後將其應用在日常生活中。

在即將上國小的暑假，為了讓森森有更多的時間練習，我將他轉入團體課程。從團體中我發現，森森逐漸從不敢拒絕其他人的提議，到敢提出具體理由拒絕，並禮貌回應、表示歉意；從起初只找我（大人）合作，到主動邀請其他人。孩子勇敢地將接觸的對象從有安心感的大人延伸到了同儕，不是盲目選擇，而是能運用已內化的觀察力去判斷一開始在新環境交朋友的對象。團體裡的表現，當然與現實狀況仍有差別，尤其是沒有大人在場的時候。這個暑假的經驗，讓他對小一充滿期待，小一的生活就在這樣的心情中展開，孩子的適應能力比預期中理想，也讓森森媽媽放心許多。

在聖誕前夕，我收到媽媽的一封來信。

老師：今天我請假買了 29 份餅乾去學校讓森森送同學。導師叫昨天推倒森森的同學過來讓我罵；我沒罵他，只是蹲下來誇他長得好壯，問這孩子「能不能在學校裡幫我照顧森森呢？」他說好，還跟我握手……可是導師當著我的面，把他又罵了一頓。

導師解釋說，他是「啟智班」的。我問清楚後才知道，其實那孩子不過是自閉症，卻被導師說成啟智班，怪不得我先生一直怕孩子被貼標籤，不願讓學校知悉孩子的診斷。我真的很憂心，森森在學校能得到很好的教育和照顧嗎？只能多教導森森如何保護自己了。

森森媽媽

森森媽媽，您好：

記得您先前提過一次，當森森表達他在校被霸凌時，您告訴森森要寫聯絡簿告知導師時，他是很高興的。我想不妨肯定與鼓勵森森可以更主動些，但為了避免他誤解或過度依賴，可以這樣跟他說：「爸

媽有責任保護他們的孩子，老師也有責任保護學生對不對？所以大人必須知道是誰被欺負；這個時候，大人就要依賴受傷害的小朋友，可以很勇敢的、很有智慧地說出來，才能知道發生哪些事。」

　　甚至可以喚醒過去森森在幼稚園成功的一次經驗，說：「森森還記得嗎？大班的時候，你跟媽媽和邱老師提過大魔王欺負你的事，這是很勇敢的行為；可是不是在他們面前說，而是回家後或在與老師單獨相處時說，然後慢慢想方法克服，就可以很有智慧地解決。現在你一年級了，一定也可以想出不同的方法，讓欺負你的同學知道，你不是一個可以欺負的人。」

　　也許現在遇到了新的難題，您覺得逐步調整會緩不濟急，但就像您為孩子所做的，擔任班上的「愛心媽媽」，同時間也照顧了別的孩子，我想都有助於減輕森森在班上所遇到的困難。我了解您的擔心，尤其在班導師如某種程度的「加害者」情況下，強化森森的信心的確是首要。

　　您提出的觀察與理解，包含思考導師人身攻擊其他孩子是「啟智班」，都可能是造成霸凌者傷害較弱小同儕的原因。當然這不是霸凌的藉口，但是試著了解他，就比較能在面對這孩子的時候給予較大的包容空間，也能給予森森比較適當的應對方法。

　　至於導師，他或許是無心的，而非故意藉由將罪惡感推給孩子來逃避失職的責任。但也就是因為如此，我相信讓輔導室知道孩子有特殊資源或輔導的需要是必要的；當孩子在學校有一個安全的空間或輔導老師可以適時提供社交協助或抒發情緒，對於森森在學校獨立生活的養成可以發揮「過渡時期」的功能。

　　關於「保護自己」，我想反擊無用，反而會挑起不公平的戰爭，所以降低反應強度是原則之一，避免更鼓勵這些挑釁他人的孩子的衝動性；接著強化森森「練習果決的反應」（包括離開現場、拒絕等）；第三，請他盡量思考班上的孩子，有無不是最受歡迎、但卻是比較有

禮貌的，森森未必與他或她一定要當好朋友，但是在下課或放學前後盡量在一起做事。

　　祝福　平安喜樂

邱老師　敬上

　　只有保護了每個孩子，才能真正地幫助自己的孩子。森森媽媽心疼欺負自己兒子的另一個孩子，我想這樣無比柔軟的心，必定能保護孩子，即使孩子受傷了，也能擁有愛的能量、快樂長大。

幫助孩子保護自己，
爸媽可以和孩子一起做什麼？

創作篇 我的樹屋

材料：圖畫紙、鉛筆或彩色筆。

步驟：

❶ 爸媽可以先說一個類似
「灰姑娘」的故事做例
子，引導孩子說出對於
「親切」的、「善良」的
和「恐怖」的親戚或朋友
所抱持的看法。

❷ 請孩子閉上眼睛，想像他
在一個下午跑出去玩，爬
上一棵他最喜歡的樹，樹
上有一個樹屋，他在那裡睡著了。當他醒來時，發現已經是早
上了，而且他可以聽見黎明的歌聲。但當他往外看時，取代小
鳥歌聲的是他所有的親人、同學及朋友在呼喚他。有的人可能
試著爬上樹要接近他，有的人可能已經很接近樹屋了，有的人
可能只是站在樹下觀望，也可能有的人掉到樹外或掉入陷阱等。

❸ 當語言的引導式想像結束後，請孩子持續想像約 1 分鐘的時間。
再緩緩地張開眼睛。

❹ 請畫下這棵樹、這個樹屋，還有親戚、朋友與同學們。

概念

爸媽可以透過這張圖，盡可能廣泛地了解孩子與其他家人、同學和同儕的人際關係，也就是與他目前生活會接觸的人。大部分的孩子，喜歡把那些他確定「不喜歡」的人，畫到樹外。對他來說，最重要的人，會被畫在最顯眼的地方；最常玩在一起的人可能會最接近樹屋；甚至可能已經進到屋內。建議父母先分享你所感受到這張圖畫的美感經驗，接著再試著詢問孩子對於圖畫上出現的人物的描述，如果孩子不想說或有點不安，千萬別刁難喔！

遊戲篇　我不是受氣包

適合年齡：（7 歲以上）（可進行具挑戰性的文字或數字遊戲）。

人數：至少三人（一人當主持者）。

準備素材：數張卡片、筆或色筆。

做法：

❶ 先列出 6 張索引卡，如：與人交談時的眼神、肩膀的姿態、頭的姿勢、站立時手臂與雙腿的擺放方式、走路速度等。

❷ 設計受氣包子圖片 10 張（負 1 分），美人或騎士圖片 6 張（正 1 分），與索引卡對應的搭配是兩張受氣包子圖片背面寫上文字「看地板」和「四處張望」、美人或騎士背面寫「直視對方（不是死瞪著）」，其他包括肩膀抬高緊繃或往前彎曲是易受攻擊的、肩膀往後傾或下垂但不僵硬，是有自信的；低著頭是易受攻擊的、頭往後使肩膀與耳朵平齊是有自信的；手臂和雙腿緊貼著身體彷彿很冷的樣子是易受攻擊的、手臂與雙腿放鬆且雙肘不貼著身體是有自信的；走路很急促或猶豫是易受攻擊的、走路速度中等且放鬆是有自信的……等肢體語言，我們將正確的反應列在美人或騎士圖片上。

索引卡 1	與人交談時的眼神	直視對方（美人或騎士 +1）	看地板（受氣包 -1）	四處張望（受氣包 -1）
索引卡 2	肩膀	往後傾或下垂（美人或騎士 +1）	抬高緊繃（受氣包 -1）	往前彎曲（受氣包 -1）
索引卡 3	頭部	與耳朵平齊（美人或騎士 +1）	低頭（受氣 -1）	抬高（受氣包 -1）
索引卡 4	手臂和雙腿	放鬆（美人或騎士 +1）	緊貼（受氣 -1）	
索引卡 5	走路速度	中等（美人或騎士 +1）	急促（受氣 -1）	緩慢（受氣包 -1）
索引卡 6	姿態	放鬆（美人或騎士 +1）	猶豫（受氣 -1）	

玩法：

❶ 先向孩子解釋，我們如果學會觀察有良好的儀態，在坐著、站著或走路時都表現得很有自信，除了別人會覺得我們的氣質優雅，更重要的是可以改變易受攻擊的肢體語言。

❷ 遊戲開始先將索引卡洗牌，主持者抽出索引卡後，拿出相對應的兩張或三張文字卡片，玩家輪流選擇覺得是代表有自信的文字卡，再翻開背面的圖，若是代表正確反應，即會出現「美人或騎士」，若選擇錯誤，那麼翻開背面會是「受氣包」。

❸ 待索引卡全數抽完計算分數，如果受氣包的負分沒能被美人或騎士的正分抵消，就表示輸了，也代表生活中不自覺的肢體語言可能隱藏了易受攻擊的危機。

❹ 遊戲結束後，可以與參與的玩家討論，有沒有其他的肢體語言可以擴增遊戲的內容，並提供空白卡讓玩家創作。

重點

將肢體語言區分為易受攻擊和有自信兩種，是為了幫助孩子覺察和改變習慣。遊戲的目的是在協助孩子，透過想像與練習提高覺察，而且一旦能夠在生活中身體力行，肢體語言所散發出的自信，就能避免因錯誤的身體訊息導致自己成為人群中的受氣包的機率喔！對於遭遇被欺負的危險時總是不知所措的孩子，若能夠學會「自衛」勝於攻擊的策略，則幫助最大。

**身體律動篇** 親子瑜伽「降落傘」（劈腿式）

練習：

❶ 孩子與爸爸或媽媽面對面坐著，背部挺直，雙腿往左右打開。

❷ 孩子將雙腳踩住大人的大腿內側，大人可左右移動臀部，將身體挪近孩子。

❸ 吐氣，兩人身體向前靠近，用手臂環抱住對方。保持正常呼吸。

❹ 吸氣，雙手放開，爸爸或媽媽說：「準備打開降落傘，安全降落囉！」再次吐氣，吸氣時雙手互握，頭後仰，做深呼吸。

❺ 身體慢慢回位。

注意
如果孩子的柔軟度過大，但肌肉強度和協調性卻不足，有可能因速度過快而拉傷肌肉，所以父母一定要留心提醒孩子控制速度，慢一點才不會受傷！

效果

透過孩子雙腳的壓力促進伸展爸媽大腿內側的肌肉，預防贅肉囤積及美化腿部曲線，使大人小孩的腿都能提高柔軟度，防止抽筋。上半身後仰時，因為親子間相互牽動而放心地後仰，可增進信任感及親子感情與默契。

 閱讀篇

書名	《不要再笑了，裘裘！》	《檸檬的滋味》
作者	慶子‧凱薩茲	派翠西亞‧波拉蔻
出版社	三之三	道聲

閱讀學習單　我的工作服

找一件爸爸或媽媽很少在穿的舊襯衫做改造，完成之後可以當作畫畫時的工作服。

關於「受傷」，給爸媽的延伸閱讀

問錯問題最糟糕

當孩子在外面受到委屈，回到家哭哭啼啼地說某某欺負他時，我想沒有父母不心疼的。有的孩子甚至覺得在學校「每個人」都對他不友善，這時不少爸爸、媽媽會直接考慮轉班或轉學。通常，如果不是孩子真的有危險，並不建議這麼做。當有危險時，父母當然要採取行動，確保孩子的安全，如果是在學校發生，那麼最好的方式是直接找校方談；如果直接與欺負者的父母連絡，衝突可能會擴及父母，而且等於告訴孩子：「你解決不了！我來幫你解決。」所以，教會孩子交友之道，並提醒孩子改變需要信心才是王道。最忌諱在孩子每天回家劈頭就問：「今天有沒有人欺負你？」反而會刺激孩子不斷聯想任何可以告狀的痛苦或抱怨。

請依照直覺，覺得這個孩子為什麼敲門找媽媽呢？

A. 想要媽媽陪自己一起做勞作，來問「可以過來了嗎？」

B. 很懊惱自己的作品做壞了，希望有新的材料重新做。

C. 看到妹妹在一旁吃蛋糕，著急自己的勞作完成不到一半。

D. 忘記功課還沒寫完，過來敲門問可不可以玩線上遊戲。

我要如何踏出第一步？找出我抗拒嘗試新事物的原因。

A. 依賴型

表現：對新環境、新事物沒有安全感，不敢自己獨自去試。

建議

可以找好朋友或家人陪伴，讓自己有安全感去學習新事物；學習有效尋求協助，可以練習說：「我試著……（如何解決），但是……（無法解決的問題），我真的需要幫助。」個性較為悲觀且缺乏自信的孩子，也能從練習這個語法的過程中，被引導到正向且較積極的思考方向。

B. 完美型

表現：對事情要求完美，對於沒把握、沒做過的新事物不會輕易嘗試。

建議

遇到問題時，多思考幾種不同的解決方法，使自己更有彈性與創意。在面對新事物前，先回想過去嘗試新事物的成功經驗；如果真的很懊惱，可以提醒自己「雖然現在我不能做……但是我還可以做……」，將思緒引導到具體的方法以改善現況，覺得自己在最困難的當下還有些事情可以做，會讓情緒好一些，就比較能思考出新事物問題的癥結點。

C. 經驗型

表現：受過去多次的失敗經驗影響，而不敢再去嘗試沒做過的事。

建議

延長觀察和模仿學習的時間，在面對新事物時，可以將目標設定在比自己前一次更進步就好。把重點放在自己每一次的轉變，學習用不一樣的觀點看待自己。爸媽若能無意中讓孩子聽到，你向他人表示他有了什麼樣的進步、你為此感到高興，會使這類的孩子感受到，縱使以前老是失敗，或未來也可能失敗，但仍然充滿希望，覺得自己進步的空間無限大。

D. 分心型

表現：很容易接受或嘗試新事物，但投入之後專注力不持久。

建議

因為容易三分鐘熱度，建議可以先規畫幾個階段來嘗試，保持在較有新鮮感的狀態，才不會做一半就放棄。每一段時間裡，讓孩子只做一件事，把握他能夠積極參與活動的時間。對於此類的孩子來說，活動的挑戰性要能與其能力相當，這樣最能維持參與的熱情與獲得高品質的成就；在控制挑戰性的部分，建議爸媽可以透過時間壓力或增加工作難度來調整。

給大人玩的圖畫心理測驗 ❷

請依照直覺，選擇以下圖中你最感興趣的動物圖？

A. 在松樹上的松鼠　　　B. 蘋果樹下的小豬

C. 在樹梢上的灰貓　　　D. 地上的兩隻孔雀

E. 走在河岸邊的狗

　　親愛的爸媽，從初為人夫或人妻轉變為爸爸或媽媽的角色後，你是否發覺原本在工作與家庭都能獨當一面的你，逐漸需要有歸屬感的人際關係來支持自己適應父職或母職。重新認識自己、重塑自己的信心，是此階段的功課，因為我們面對感情、工作及如何看待自己的態度，都會影響到我們與孩子的相處模式。

　　一同檢視你在親子關係中扮演哪種角色吧！

A. 完美爸媽「積極完美，需要放鬆」

　　有可能將自己要求完美的壓力，轉嫁到孩子身上。

要求自己凡事做到最好，不習慣將自己脆弱的一面展現在他人面前，包含最親近的家人。於是習慣表現得強壯且積極，面對挑戰也不輕易退縮。

成為父母後，也會過度期待自己成為心中理想父親或母親的形象。如果接受到他人的教養建議或批評，包含不帶惡意的玩笑話，都有可能解讀為「你可以更好」的訊息而過度緊繃，進而將壓力轉嫁到孩子身上。

因為期待得到他人的認同，而在意他人對自己的評價。建議這類型的爸媽不必將旁人的訊息做過多的解讀，適度放鬆，會發現那些關心卻又雜亂的聲音中，透露的是更多的支持與信任。

B. 像孩子般的爸媽「期待關心，學習獨立」

與孩子相處時，因受挫力較低容易有情緒化的傾向。

依然習慣或期盼受到如王子或公主般的待遇。因為習慣周遭的人，將自己擺在最重要的位置，所以對於轉換為「照顧者」的角色時，需要較長的時間適應與調整。

當孩子活潑可愛，這類型的爸媽往往樂於將孩子與自己都打扮得體面漂亮，如同遊戲般開心；但若是孩子不好帶時，容易情緒失控。和長輩及朋友相處時，如果感受到他人不欣賞自己做為父親或母親的表現時，也容易產生情緒化的衝突。

「像孩子般的爸媽」需要的是，另一半能夠多體諒、對自己更貼心。建議這類型的爸媽，給自己設定每一階段要學習的教養目標，並要求自己盡可能做到，循序漸進調整心態，較能避免情緒化的衝突；當目標達成時，亦能增加自信，更加成熟。

C. 阿信爸媽「容易沮喪，重建信心」

面對育兒過程中的「失控」（與預期有落差時），容易讓自己陷入沮喪，產生逃避的心態。

因期待過深，可能會過度美化婚姻生活或養育子女的憧憬，當孩子三更半夜啼哭、幼稚園老師打電話抱怨、另一半加班不在家……等「真實」的育兒情境來臨時，易感沮喪或難過，無法以客觀的角度思考和樂觀面對。但又希望親子、夫妻與長輩或朋友間的生活皆面面俱到，所以

常照著自己的「原則」，再苦都一個人撐下去。在缺乏足夠的心理動力時，有時會拒絕他人的關心，或在需要支持時不願尋求幫助。

建議這類型的爸媽找到有歸屬感的同儕團體，當你了解沒有所謂理想的生活典型，就越能屏除先入爲主的觀念，避免把壓力帶進親子關係中。

D：孔雀爸媽「想被重視，學習傾聽」

會期待孩子的表現受到大家的重視，因而帶給孩子壓力。

想要被重視、被關心，因此有時會過度高調。從單身進入婚姻、成爲人父或人母，若身旁的朋友仍多數單身，可能會覺得你必須以孩子爲重心，所以與你互動的機會大幅降低，感受到被忽略有可能會讓你在一般聚會時會以過度打扮或高談闊論來吸引注意。有時帶著孩子一起出席聚會時，也會期待孩子的表現受到重視，但這往往會使你在眾人眼中顯得不真實，孩子也會有壓力。

建議這類型的爸媽，在聚會時學會傾聽別人的聲音，或許會發現「自己」的存在感從不曾在團體中被淹沒。

E：朋友爸媽「自我肯定，繼續成長」

與孩子的相處氣氛輕鬆，但也因爲對待孩子的方式太像朋友，容易在孩子心中失去了「父親」或「母親」的權威形象，有時會因自己在孩子心中的定位不明而感焦慮。

在與孩子相處時，通常能善用自我覺察和溝通的優勢能力，與孩子像是朋友般地互動。但是與孩子的相處如果與朋友無異，甚至常以輕率、戲弄的語氣與孩子說話，孩子習慣與成人相處沒大沒小，日後可能會影響到他不知如何拿捏與其他長輩或學校老師相處的人際界線。建議這類型的爸媽，在與孩子互動時，態度可以輕鬆，但親子對話時仍需謹慎用語，避免出現太輕佻的詞彙或語氣，尤其是不雅的髒話是禁忌。

學會與環境共處

第三篇

一個人的小旅行

如何引導孩子踏出第一步？

休息

7歲的小宥像是一台小型發電機，總是精力充沛、自信滿滿，對每件事都有強烈的主張，對自己的興趣充滿研究精神。原本在幼稚園不論學習或人際互動都很適應的他，卻在上了小學之後踢到鐵板，不只是同學常常告狀，老師也常責罵他。老師頻頻在連絡簿上留言，希望爸媽提醒小宥在合作學習時要尊重其他同學，改善態度。

小宥與媽媽的感情很親密，通常會先主動告知媽媽今天在學校發生什麼事，他總是說：「我只是想幫忙……」剛開始媽媽為小宥感到難過，因為他熱心付出，本意是想幫助其他同學，卻因此造成與同儕相處不睦；但過了一兩個月，這樣的情形都沒有改善，媽媽也開始覺得小宥是明知故犯，卻不知該如何引導孩子。於是，我和小宥開始了一段一起從遊戲中學習的過程。

有一次，他和我挑選了動物模型代替我們的角色在沙盤中玩，想像是在探險尋找寶物的過程。我們既是合作伙伴，也是競爭的關係。加了水的沙子可以雕塑出一個隧道，但因為砂質的關係，其實不能維持很久，隨時有可能坍陷。所以當小宥扮演的角色建議走隧道底較快時，我的角色提議繞道而行。

小宥信心滿滿地說：「我希望我們走快一點。」

我說：「我也希望我們走快一點，但是我覺得這條路比較危險！」

小宥露出一抹微笑說：「我很了解情況啦，聽我的準沒錯。」

我說：「我們有好多條路可以走，也許你說的是對的，但這次我要再考慮，因為我不希望在探險過程失去你這個朋友。」

話才剛說完，濕沙所雕塑的隧道就倒了。

小宥一臉錯愕，有點不知所措。雖然只是個遊戲，但對小宥來說，過程與結果都是重要的。

我說：「因為你願意傾聽我的意見，我們在合作討論的過程逃過一劫。」

小宥說：「我有嗎？」

在後來每一次闖關前，他都會先詢問我的意見，並認真地考量和討論，尤其是語氣上的轉變。幾次我讓步給他，但讓他清楚知道，雖然最後不是按照我的選擇，但因為考慮他的感受，而他也讓我覺得受到尊重，所以我願意妥協。

那天遊戲的最後，我們在往前找尋的路上停下了腳步，小宥說我們就在沙漠裡的旅館裡休息一天一夜吧。他找出玩具堆裡的星星，排成愛心，還找了一本教室裡的繪本請我說故事，我問他：「不急著去找寶物了嗎？」小宥告訴我說：「我不想急著往前走，我想我們今天的結束就停在旅館裡吧！」

我心疼有的時候孩子只想要感覺到真實的自由，經歷到當成團隊一分子的滿足感，更勝於指揮別人得到的快樂。

引導孩子踏出第一步，
爸媽可以和孩子一起做什麼？

材料：

球鞋盒或其他紙盒、廣告紙或圖畫紙、各色黏土、畫筆或顏料、膠水、
剪刀、珍珠板等綜合或立體媒材。

步驟：

❶ 在紙箱內完成一個住家附近的地圖，可以用畫的、用黏土做出
   或剪貼公車、行人或單車到學校的路線圖，也可以是到醫院、
   公園或是自己感興趣的其他地方。

❷ 除了依照「現實」呈現，也可以發揮創意，創造自己心中期待
   的居住環境。

❸ 裝飾紙箱外部，改造為「行李箱」以延伸「行動」或「旅行」
   的概念。

概念

家是一個人心靈的慰藉，情
感的依靠。這也是為什麼有
的孩子剛入幼稚園或小學
時，還沒完全適應學校的生
活，常常哭鬧著「我不想上
學，我要回家」的原因。透
過紙箱縮影，創作出從家到

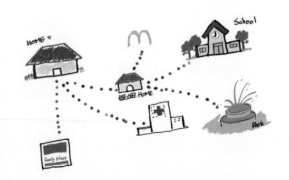

各個地方的路線圖，尤其能將沿路上的建築物、特色景點或別具意義的場景，融入在自己作品的布置或設計時，可以讓孩子的作品生活化。當孩子能夠利用創作整理生命經驗，並透過回想與記憶走過的路，可以幫助他們降低未知恐懼、學會把握現實，讓孩子對於家、社區到生活中會接觸到的環境，都重新賦予新的情感與價值。

遊戲篇 信任散步

建議年齡： (3歲以上) 聽懂口語指令即可。

準備素材： 一條長布巾、在客廳或臥室安放好10樣生活物品。

做法： 先選擇好一個有限度的空間，例如客廳或臥室。輪流用布巾蒙住爸媽與孩子的眼睛，由沒被蒙住的人牽著被蒙住的人走一段路。帶領者要盡可能地介紹經過所見的東西，可以設定沿路上會出現的10樣生活物品，並牽引被蒙住眼睛的人的手去觸摸、感覺這些物品。

方法：

❶ 第一次讓孩子先蒙上眼睛，由爸媽握住孩子的手負責帶領，每到指定的生活物品前就稍停下來簡單介紹，並牽引孩子的手去觸摸這些物品，同時允許孩子發問物品的相關問題。待孩子表明已經完全清楚和記憶了物品，就往下個物品的方向繼續前進。

❷ 當眼睛被蒙住的人躊躇不前時，練習鼓勵對方前進，例如說「相信我，跟我走」直至走到定點再返回。

❸ 返回後將布拿下，說或寫下剛剛觸摸過的東西，越多越好。

❹ 換另一個人蒙上布巾，換對方帶領，同樣完成在屋裡的小探險後，再將布拿下；最後說出正確品項越多的人獲勝。

重點

除了記憶力訓練之外，多感官的經驗也可以給予足夠的大腦刺激，以及將畫面在腦中成像（visualization）的能力。同時因為蒙眼的關係，必

須在過程中學習信任對方，在完成記憶遊戲後，可以分享帶領對方與被帶領的經驗，畫出自己的感受，例如手、眼的溫度與感覺，用不同的方式了解信任的重要與美好。

 身體律動篇 兒童瑜伽「蘋果樹」（樹式）

練習：

❶ 雙腳靠攏站立，將雙手合十放在胸前（合掌）。此時爸媽可以跟孩子說：「要從小樹長成大樹，首先要長出穩固的樹幹，從泥土裡好好吸收養分喔！」

❷ 接著彎曲右膝蓋，將右腳往上抬，直到右腳跟碰到左腳的胯下。此時若需要，將腳往上拉近也無妨。

❸ 將合掌的雙手慢慢往上伸，直到手臂貼住耳朵。此時爸媽可以跟孩子說：「長出茁壯的樹枝囉！試試看，可以隨著風輕輕地搖擺，但是背要挺直，就像樹木長得直挺挺的！」

> **注意**
> 左右兩腿在練習過程中腳掌心踩的位置最好一樣，例如，皆為大腿內側靠近大腿根部的位置或是放的位置皆比較低。在做的過程中，下巴記得略為往下收，腹部用力，可使身體較不會向左右兩方偏。

❹ 接著將合十的手掌手指彎曲，彷彿捧著一顆大蘋果般，說：「原來是一棵蘋果樹，你把蘋果摘下，要送給誰呢？」

❺ 慢慢地回到原位，換另一隻腳試著做做看。

效果

訓練平衡左右腳的肌肉群，並透過對平衡感的刺激，養成專注力，使思緒清晰靈敏。常做同時也能保持挺直優美的體態。

閱讀篇

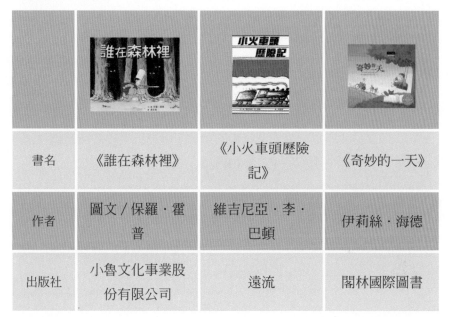

書名	《誰在森林裡》	《小火車頭歷險記》	《奇妙的一天》
作者	圖文／保羅・霍普	維吉尼亞・李・巴頓	伊莉絲・海德
出版社	小魯文化事業股份有限公司	遠流	閣林國際圖書

閱讀學習單 Ready go！！

如果你計畫一個人出發旅行，你會想到哪裡去呢？想像你會在當地經驗到的氣候、人物、故事與生活需要，畫出你的身上會有的服裝與裝備，以及你的背包或行李箱中會如何安排與準備呢？請盡情地描繪下來。

（參考示例）

關於「秘密」，給爸媽的延伸閱讀

秘密和他人的距離

心理大師河合隼雄說過：「擁有秘密，就意味著『這件事只有我知道』，因此他可以證明『我』存在的獨特性，秘密與確立自我意識密切相關。」也因此，在孩子成長的過程中，秘密具有重大的意義，由最初一個人保有、到與親密且信任的人共享，到最後展示在決定一個人要與他人之間保持的距離。有的爸媽會希望孩子對自己不要有所隱瞞，卻忽略了秘密的存在未必全然都是負面的價值，因為的確透過分享秘密可以拉近人與人之間的關係。況且能夠適當地度量自己與他人之間的距離，學會面對自己的意識與存在的意義，也是生命中重要的課題。

不再過度注意自己

有的孩子的確因為背負著過多的秘密，不知如何與人分享而吃過許多苦，尤其是極度害羞的孩子，常常在渴望交朋友和避開他人、確保自身安全間無法平衡，飽受折磨。彷彿希望自己是隱形人一樣，只要感覺到他人的靠近，就開始害怕或想退縮。通常這類型的孩子和別人熟稔的速度很慢，但一旦度過剛開始過於沉默的階段，可以是很好的傾聽者，

而且相對於懂得分享自己的孩子，他們會顯得謹慎且謙和。所以爸媽

不必強逼著孩子一味朝著受歡迎、善於交際去努力，但可以透過幫助

孩子去學習了解他人、將注意力放在理解和與其他人一起做同一件事

的態度上，使注意力轉移到他人身上，當害羞的孩子開始對他人感興

趣，便能開始營造真實的友誼，展開真正的互動，包含敞開心胸，分

享秘密。

如何引導孩子克服壓力？

我、會、努、力

治療工作，必須常常深刻地反省自己所犯的缺失，同時預做調整，以做為下一次的計畫。近幾年，因為我的工作方式包含深度的親職會談，不能否認地，有時我會因為感受到父母的壓力，而在與孩子一起工作時迷失了立場，每當發現時一方面懊悔，一方面也慶幸及時「迷途知返」，才能重新在與孩子的治療關係中找回平衡點。

在與孩子一起工作的時候，我常常需要提醒自己，也提醒父母：我們是怎麼走過來的？過程有苦有樂，從那裡到這裡的每一小步，都是長足的一大步。如果當下我們能夠從喜樂的觀點，去享受其中的每一個過程，就能減少遺憾，做出更好、更遠觀的判斷。

或許是受到我開始在會談中分享心得的影響，叡叡的爸媽似乎也有默契地開始懺悔，或者回饋自己的感受。我想只要開始反省，自我覺察便能提高，當心境改變，情況就會好轉。叡叡是一個已經一起工作一年多的孩子，在 9 歲之前，別人看見的大多是他的缺陷 —— 低口語、過動、自閉特質，所以能力一直被低估，他在與他真實能力有顯著落差的環境（特教班）學習了很長一段時間。直到 10 歲那年叡叡跨越了不可能任務，在過程中他承受了不斷被評估帶來的壓力，爸媽

也為孩子極力爭取受到更好的教育與學習而付出許多的時間與心力；當叡叡與父母在克服挑戰的喜悅之餘，也感受到時間所帶來的壓力，想奮力趕上主流教育的要求，深怕一個出差錯，就喪失了好不容易爭取來的機會。

不可諱言地，與孩子和爸媽一同走過這段歷程的我也感受到了！我也開始在治療課中將期待透過語言傳達給叡叡知道，但我看到的是孩子在沙盤遊戲或繪畫創作中幾次出現「負面形象」的心情投射。剛開始我將連結性歸於他在班上或功課的適應不良，直到叡叡出現想抱抱或是推擠我──這些過去沒有出現過的動作，我才發現這一段時間我並沒有真實地包容和對待他！

於是我回到以遊戲和創作回應的方式，過了幾週的時間，叡叡重新感覺平靜又有安全感的時候，有一次竟願意用他不擅長的口語能力，一個字一個字慢慢地說：「我、會、努、力。」讓我知道他的掙扎與不放棄。反應在父母的感受上，似乎也較為欣慰了，因為孩子盡可能地完成被要求的作業，媽媽也被告知不用伴讀，因為叡叡融入學習的能力越來越好。

從孩子的表現成就看他的努力，並沒有錯，但不應該是全部。尤其當孩子因為障礙或特殊症狀而使成長過程更為辛苦時，我們能否認知到孩子與我們的想法差異之大，遠超過我們的想像。孩子的困惑與徬徨，需要我們去豐富他的心靈，他才有可能準備好去真實的世界歷練，而當他不斷遭遇挫折之後，或許他會處在困惑中很長的時間，而無法從大人的觀點去發現錯誤和改進，此時如何溫柔地傳達和給予幫助，而非打擊他的信心，是作為爸媽或治療師的我要學習的功課。

後來，每當叡叡爸媽又著急時，我最常與他們分享一個念頭，希

望這個想法能夠如同一顆種子去澆水、灌溉，而能逐漸發芽發芽，我說：「如果前幾年有人跟您說孩子要忙著寫功課、準備考試、人際關係……會是您今天擔心的問題，或者您相信嗎？那我們是怎麼辦到的？」

　　每當我們回想起過程，才發現：唯愛而已。

　　每個孩子的眼中都隱藏著熱情與光芒，如果我能先看到，那是身為治療師的我的幸運；而能夠體會這個令人震懾的喜悅是多少時間與努力換來的？這恐怕是被賦予難忍的責任的父母比我更有深刻的體會。

　　我也不是個完美的小孩，更不是完美的治療師，可是只要有愛我的爸媽，心裡便覺足夠。每當感受有因我而成長的孩子就覺得值得了。而我相信，孩子們的心更柔軟，這個世上只要有父母真心地欣賞，他們便能驕傲地存在。

引導孩子克服壓力，
爸媽可以和孩子一起做什麼？

創作篇 情緒罐頭

材料：彩色筆或水彩、空瓶子或空盒子數個、雙面膠、圖畫紙、剪刀。

步驟：

❶ 先用白色的圖畫紙將空瓶子或空罐子的外圍包裝起來，然後在瓶子或罐子上標示出各種情緒，例如快樂（joy）、哀傷（sorrow）、憤怒（anger）、恐懼（fear）、興奮（passion）、困惑（wonder）、難過（sadness）……

❷ 盡可能去想像出自己經歷過的各種情緒，除了在空瓶子或空罐子上標示出之外，也可以彩繪或著色，變成一個個屬於收納自己情緒或記錄生活事件、獨一無二的情緒罐頭。

❸ 爸媽和孩子都一起寫下或畫出數個情緒事件在紙上，然後將紙分別丟入不同的箱子或罐子，如果彼此都同意，可以隨意掏出其中一些情緒事件進行討論。

概念

有時孩子心中會莫名地冒出一些負面想法，透過情緒罐頭的創作可以讓孩子學會分辨自己的情緒。對於孩子特別感到委屈或不開心的事情，透過討論可以讓孩子理解情緒的來源為何。

作品完成之後，可以與孩子約定，你會在某個特定時間和孩子討論情緒罐頭中新增的事件，可能是每晚睡前，也可以是每個週末。這可以幫助孩子知道爸媽會在固定時間關心自己的需要，有助於孩子覺得被重視和被了解。此外，延緩討論時間，也可以間接鼓勵孩子學習自行處理問題。有時孩子只是想要與爸媽分享喜悅，或是尋求被了解與安慰，有時也可能是希望爸媽幫忙解決問題。建議爸媽，對於比較大的孩子，不要立刻提供解決之道，可以多進行詢問和釐清問題，試著與孩子一起決定未來或下一次遇到同樣的事件，應該採取什麼行動來處理比較好。

 **遊戲篇** 彈力飛機

建議年齡： 5 歲以上 （懂得加法即可）

準備素材：厚紙板數張、橡皮筋數條、剪刀、尺、彩色筆。

做法：

❶ 需要先製做道具，利用厚紙板做出一台紙飛機，可先試試看將橡皮筋套上飛機上方，兩手拉住機翼兩角，將兩手往外一拉平，橡皮筋是否就可以彈射出去。

❷ 再將五張大約 5×10cm 的厚紙板卡片折合成約 3:4 的比例。

❸ 在五張卡片上畫或貼圖以表示為要克服的難關，並註明代表分數。例如：蛀牙（背面標示 1 分）、考試（背面標示 2 分）、作業（背面標示 3 分）、壞老師（背面標示 4 分）、生病（背面標示 5 分）。

玩法：

❶ 遊戲開始一人發 5 條橡皮筋，並將 5 張卡片平行擺放好後在距離約 1 公尺處利用彈力飛機進行射擊；一人射擊完 5 條，檢視擊倒的卡片，累計卡片背面所示的分數。

❷ 再重新放好卡片，換另一人射擊 5 條橡皮筋，得到最高分者贏得勝利。

❸ 和孩子討論這些難關所訂的分數是否客觀？孩子覺得最難的一關（應該訂最高分）爲何？爲什麼？哪些難關在目前的生活中已不再感到困擾？可以讓孩子提出未來想要增設的關卡有哪些。

重點

除了製作過程可以訓練精細動作與激發美感創意之外，重點在於遊戲的過程中孩子必須保持專注力、把握機會、克服壓力，才能射擊成功。此外，透過遊戲後的討論，可以間接了解到孩子目前是否遭遇學業、同儕或病痛等壓力。對於情緒較壓抑的孩子來說，先透過娛樂或遊戲使情緒放鬆後，對於內在問題會較易啓口。父母可以聽聽看孩子所思考的解決方案；除非孩子積極並主動詢問父母的看法，否則無須提供大人觀點的「正解」，一方面可以維持遊戲的氛圍，也能幫助孩子練習思考各種可能的選擇與判斷。

 **身體律動篇** 兒童瑜伽「小白鴿」（天鵝式）

練習：

① 雙腳併攏，立正站好後，將雙手橫向舉至與肩同高。

② 將重心放在左腳上，將右腳慢慢往後踢，身體則往前傾，用單腳取得身體的平衡。

③ 將背脊往後仰，使後踢的右腳、身體和地面呈現平行的狀態。此時爸媽可以說：「張開翅膀飛向天空的小白鴿，今天要飛到哪兒去呢？」

④ 慢慢地回到原位後，另一側也試著做做看。

效果

讓腿和腰變得強健而肌肉發達，也能調整自律神經，使呼吸及身體的運作更順暢。保持平衡時，請充分感受膝蓋內側伸展的刺激，可以強化柔軟關節的功能。

注意
利用視線凝視於一點的方式，使注意力集中，能讓身體不容易晃動。

書名	《上學的第一天，我的肚子裡有蝴蝶》	《早安！》
作者	沙基・布勒奇	珍奧莫羅得
出版社	米奇巴克	英文漢聲

閱讀學習單 第一次的經驗

第一次自己完成某件事的經驗，對每個孩子來說都是難忘的記憶。像是第一次自己上學、第一次自己燒開水，或是第一次自己看家。能獨立做好一件事，代表著自己的成長，請選擇一項第一次完成的事件，記錄當時的心情在情緒拼盤上，想給當時完成第一次經驗的自己什麼樣的讚美、鼓勵或批評建議呢？

我第一次 _____ 的經驗

情緒拼盤：

請現在的你給當時的自己幾句話：

_____

_____

關於「壓力」，給爸媽的延伸閱讀

經驗到壓力的來源

不管是孩子或大人難免都會有壓力，當面臨壓力時，有的人彷彿掉進了黑洞，造成內在掙扎、失去洞察力，甚至極度恐慌。大人有時能將內在情緒掩飾得較好，但孩子在爸媽面前大部分是無法也不願掩飾。我們往往能從孩子的肢體語言感覺到：好像耳朵在嗡嗡作響、忙亂、擁擠、不斷塗鴉、動來動去、坐立不安、失控、打翻東西等，如果我們一味地指正孩子的行為，那麼極有可能會忽略了他情緒的那一面其實多麼需要被了解和被幫助。

在壓力中成長的關鍵

運動心理學家葛瑞姆‧瓊斯認為，「成功者共同的關鍵特質，就是擁有『強韌的心智』；出類拔萃的人都不是憑藉天賦，而是後天造就。」強韌的心智，指的不只是單純地面對壓力，還能夠管理壓力，致力於在壓力中成長，並在競爭中不斷鞭策自己，保持領先地位。然而能在壓力下保持清晰思路的人，往往就是能夠做好情緒管理的人。保持理性的狀態、不遷怒他人，就能避免憑靠本能和衝動行事，也不至於忘了保持專

注思考而做出錯誤的判斷。

練習處理壓力：將壓力轉變為助力

壓力並非壞事，懂得如何駕馭壓力，反而能夠成為個人成長的動能。所以，爸媽如果能利用孩子所遭遇到的壓力或挫折事件，將其轉化為生活中的成功經驗，那麼孩子就能夠透過社會化過程中不斷被教導和練習，而影響到他生活或未來的各個層面。

大部分的成功者，在壓力下的正確思考模式，不外乎以下幾個原則：變換不同的方法創造機會；擇定事情的先後順序，專注在可以掌握的事情；不求完美，但盡力做到最好；每一次都是重新出發；了解錯誤也是寶貴的學習經驗；多想幾個因應對策，以確保自己能夠發揮最大的潛能等。如果爸媽能在幫助孩子解決問題之餘，進而讓孩子更正面地看待挑戰，將更能建立孩子面對未來的信心。

如何引導孩子尊重不同的生命？

我是屁屁，你是大便老師

　　為了綠化工作室的環境，所以添購了許多小盆栽，孩子們各自認領一盆照顧，平日則由我幫忙照顧。每週孩子們來上課的時候，第一件事就是跑去看看自己的盆栽長得好不好，他們會先做好澆水、修剪等植栽工作，再開始上課。當然免不了也會和其他人的小盆栽比較一番，這也成為孩子們課前課後的聊天話題之一。

　　「哇！」嘉嘉興奮地大叫：「你看那是小金龜蟲嗎？」

　　「好像是耶！我們來餵牠吃東西好不好？」胖胖興奮地附和。

　　「好噁心！」小葉說，「看起來好醜喔！你們要餵牠吃什麼？吃大便嗎？」邊說邊露出不悅的表情。

　　「事實上，真的有昆蟲或動物會食用糞便。」小俊正色道。

　　「真的嗎？」嘉嘉和胖胖提出疑問。

　　「尤其是金龜子中有一個類群相當特別，取食的食物和其他金龜子不同，動物糞便是牠們的主食，因而被冠上一個特有的名稱──糞金龜。如果到牧場附近，在牛或馬的糞便裡翻找，就能發現牠們的蹤

影。在科學研究上……」小俊還沒說完，其他孩子已經懶得聽他說。

「我們來抓他。」嘉嘉建議。

「好啊！」小葉熱切地說。

「你剛剛不是說好噁心嗎？」胖胖問小葉。

「但是好像很好玩啊，哈哈哈！」小葉不當一回事地回應。

「放幾片葉子在盒子裡，看他會不會被引進來吃？」

「金龜子並不喜歡吃植物。」小俊說，「就像我剛剛說到的，糞金龜不是只吃糞便，牠們也會取食腐敗的屍體。」

「你很煩耶。」小葉說。

「他每次都這樣啦！」胖胖和嘉嘉說著。

我放下手邊的事，走過去跟孩子說道。「小朋友，你們希不希望有越來越多小昆蟲來作客呀？」「嗯，那我們不抓昆蟲喔！」

「剛剛小俊說的事是真的嗎？」我問小俊。

「對的。」小俊站離大家比較遠些，但音量頗大的回應。

「所以牠們也喜歡吃死蟲嗎？」我好奇地問。

「會不會啊？小俊。」孩子們也都轉頭等待著小俊的回答。

小俊對昆蟲的知識令人印象深刻，但他正經八百像是在說教式的陳述方式卻引起同儕的不屑。若能試著以大家覺得友善又輕易能理解的溝通方式，才容易讓大家樂於親近和傾聽。

事實上，這樣的情形正是小俊最常面臨的窘境。他渴望交朋友，但處在同儕中卻顯得格格不入。他努力想加深同儕對自己的印象，但

越是想分享，卻越發感到被孤立。如何讓小俊學會調適溝通技巧，尤其是觀察和熟悉使用同齡孩子「口語化」的方式說話，是我必須常常介入和引導的課題。

小俊是個聰明的孩子，也逐漸理解和大家玩得開心、說淺顯易懂的語言，並不是「裝笨」，學會適當地「回應」才是溝通及與人交往的方式。

昨天下課前他留了一張紙條給我：「親愛的大便老師，明天爸媽要帶我和同學去植物園找死蟲。屁屁小俊敬上。」

哇！這是成人式的語言幽默嗎？被這小子反將一軍，我也樂開懷呀！

引導孩子尊重不同的生命，
爸媽可以和孩子一起做什麼？

 **創作篇** 被污染的動物

材料：全開圖畫紙、畫筆（不限蠟筆、彩色筆或水彩等）。

步驟：

❶ 爸媽和孩子可以任選一種動物，先進行討論和思考，若是動物遭受污染，可能會出現哪些變化。

❷ 由爸媽和孩子一起，將擔心遭受到污染的動物畫出來。

概念

如何愛護大自然，是不亞於任何一堂生命課題的學習。尤其是隨著空氣污染、科技與經濟的發展，不斷影響大自然生態的 21 世紀，我們下一代的孩子可以看到的自然生物越來越少，瀕臨絕種的動物與日俱增，更可怕的是有許多的物種遭受到污染源而產生病變。透過將想像具體化，可以幫助孩子更直接地體認到愛護大自然是一件多麼刻不容緩的事。

建議年齡：4 歲以上 有可以大概了解與辨識水中生物的能力。

建議素材：各色珍珠板、厚紙板、一個小磁鐵、雙面膠、棉線、竹筷子或吸管、迴紋針數個。

做法：

❶ 先製作道具，使用各色珍珠板作出各類海洋生物，例如螃蟹、海星、章魚、鯊魚、蝦子、熱帶魚等 6~10 個。再用一小塊厚紙板畫一隻蟲來當餌。

❷ 在蟲背後黏上一塊小磁鐵，利用棉線、竹筷子或吸管做成釣竿；將蟲黏貼在棉線末端。

❸ 在做好的海洋生物的邊緣黏貼上迴紋針。

玩法：

❶ 遊戲開始，輪流每人限時 2 分鐘進行釣魚遊戲。第一個人釣完，先將釣起來的動物放回去，換下一個人進行。

❷ 每個人都進行完後統計釣到最多條的人贏得勝利。

❸ 遊戲結束後和孩子進行反思活動，討論在過程中是否感受到原來在極短暫的時間裡海洋生物就可能馬上一空？為維持生態的平衡，如果我們到了真實的海邊，可以做什麼事？

重點

在釣魚遊戲進行的過程中，孩子需要專注，以及耐心。遊戲後的討論目的，是讓孩子理解大自然弱肉強食的循環，而人類的過度捕殺，有可能會加速自然生態物種的淘汰。

 身體律動篇 兒童瑜伽「蝴蝶」（束角式）

練習：

❶ 坐在地上，將雙腳往前延伸。

❷ 雙腳屈膝，將雙膝往左右兩邊躺平，伸展背肌，將雙腳的腳底合在一起。

❸ 用雙手抓住合十的腳掌，將身體像鐘擺一樣地左右擺動，然後往前傾倒。此時爸媽可以說：「小蝴蝶飛高飛低，先在停在哪兒呢？」

❹ 慢慢地回到原位。

效果

透過柔軟髖關節、調整骨盆的方式來放鬆身體，使心情愉快，進而讓心靈也平靜下來。建議可在睡前做，平復一天下來因疲勞過度而導致的亢奮情緒，或易怒情緒。

注意

爸媽可以輕輕地扶持孩子的腰部，幫助穩定。一般來說，4歲以上的孩子已可掌握此動作的要領，此時爸媽可以將手放在孩子的背上，讓孩子充分感受到腰部伸展的感覺。特別提醒，懷孕中的媽媽要避免做往前傾倒的動作喔！可以停在雙手抓住雙腳板的步驟，盡量感覺腰脊挺直，將肛門緊閉，練習將膝蓋盡力壓在地板上，可以達到適度舒展骨盆關節及肌肉的效果，有利於孕婦在分娩時順產。

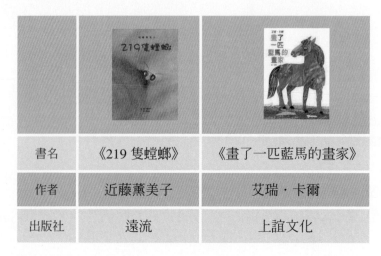

書名	《219 隻螳螂》	《畫了一匹藍馬的畫家》
作者	近藤薰美子	艾瑞・卡爾
出版社	遠流	上誼文化

閱讀學習單 重現消失的動物／植物（標本）

建議爸媽，不妨陪著孩子走一趟動物園、植物園，或參觀自然博物館，
先從生活和遊樂中和孩子一起學習有關植物和動物的知識，然後挑選一
兩種現在已經絕種的動物或植物，利用「黏土」重塑，並在完成作品後，
由孩子或爸媽在紙上摘錄有關這個標本的介紹。

```
_____ 的樣貌：
┌─────────────────────────┐
│                         │
│                         │
└─────────────────────────┘
_____ 小檔案：
_____
_____
_____
```

關於「生命」，給爸媽的延伸閱讀

何時適合與孩子進行生命教育？

平時家長應選擇適當的時機，對孩子進行生命教育。比如孩子飼養的寵物過世，父母可藉機跟孩子說：「狗狗過世了，但我們很感謝狗狗在世時的陪伴，我們一起祝福狗狗在另一個世界能夠生活得很好。」還可告訴孩子，因為我們對狗狗有愛，才會難過悲傷，無需刻意忍受、逃避悲傷。善用這樣的機會教育，孩子今後面對死亡時，就容易用正向態度來面對，還可以讓孩子更珍惜活著的時候，用有限的生命做一些更積極、更有意義的事情。因為避談死亡，反而更不利於下一代養成正確的生命觀，也給社會上屢屢發生的淡漠生命、草率輕生等惡性事件埋下了禍根。

喝完的牛奶瓶丟哪裡？

如何引導孩子珍惜自然資源？

老師，謝謝妳

因為工作上的需求，所以必須不時為孩子添購治療上需要用到或更新的媒材、工具，以及玩具。因為所費不貲，常會提醒孩子小心使用；但其實大部分的孩子，都熟稔治療室中每一個角落多了哪些新玩具或媒材，就算我沒有提醒，他們常常在一踏進治療室的時候就發現了。我也疏忽了要提醒孩子們主動去思考要珍惜和小心使用的意義，直到小宇某次一踏進教室發現了新玩具，馬上漾開微笑對著我說：「老師，這些新玩具是妳買的嗎？」我說：「是啊！」他馬上說：「老師，謝謝妳。」我才意會到，為什麼小宇總是輕手輕腳地收拾玩具。若孩子內心常懷感恩，自然會珍惜與愛物，在平日生活中才懂得愛護環境中的每一個資源。

也因此，我注意到小宇的爸媽每當帶小宇來上課的時候，只要手上有可回收的瓶罐，必定清洗乾淨，放進我們準備的分類回收桶中。有一次和小宇的爸媽提到，小宇是第一個因為新玩具跟我主動說「謝謝」的孩子。雖然是一個

出於開心與熱情的回應，但我想這必定是爸媽平日的生活教育，便傳遞給小宇感恩萬物的觀念。

　　小宇的爸媽都是純樸而直接的人，回我說：「這是應該的啊！治療室裡的玩具不只是小宇玩，他要好好珍惜留給以後來上課的孩子玩啊。老師與他一起分享，當然要感恩才對。」

　　這不就是愛護環境最好的人生態度嗎？小宇爸媽這麼一段言簡意賅的話，讓我想到了生活教育的重要，常聽到「環境不只是我們這代人用，還要留給下一代……」這些聽膩的道理，似乎也因為小宇爸媽的印證，而鮮活了起來。

引導孩子珍惜自然資源，爸媽可以和孩子一起做什麼？

創作篇 池塘漣漪的故事

請拿一張紙，在中央部分寫下與環境保護有關的錯誤行為，然後畫個圈圈。例如，父母可以寫：「小明出門溜狗，沒有按照規定把小狗大在路邊的排泄物清乾淨。」向孩子解釋每個行為都會激起漣漪，請孩子思考所做出某種行為之後，接下來可能發生什麼事；與孩子輪流想出更多故事做為開端，或利用不同的情節：「小華喜歡開冷氣，卻常常在離開時忘記關」「公園的路樹，因為馬路要拓寬而被砍伐了」等。

<u>概念</u>

在孩子製造了一些漣漪的故事之後，可以運用這個觀念談談生活中俯拾即是的環保概念。當孩子反應「懶得做」或「別人也都這樣」時，提醒他池塘漣漪的效應，並察覺自己在生活中扮演的角色十分重要；每一種貢獻都代表一種力量。從小就引導孩子去思考自己的角色，以及如何展開積極行動，孩子才不會漠視環境的變化，或者對於周遭人事的感覺逐漸鈍化。

有的孩子可能無法完整地考慮到長遠的影響，這時更需要大人的協助，才能理解完整的關連性。例如，父母可以要求孩子說說看，或記下列出有些事未來可能激起什麼漣漪，或者是提供選擇做判斷，以便讓孩子對於環境保護行動的因果關係更加清晰。孩子對於掌握人際關係或自然環境中的權利與控制有新的認識，會較懂得判斷環境中的緊張氣氛，而不會使自己誤入危險。

 **遊戲篇** 用黏土比手畫腳

建議年齡： 5 歲以上 可以理解大部分的圖像意義和具備較好的細動作能力。

準備素材： 各色黏土、數張紙卡、彩色筆、兩個塑膠袋或紙箱。

適合人數： 4 人以上，分成兩組。

做法： 兩組分別出題，各出 10 個題目。每組各分得 10 張紙卡去畫出食物或動物或其他生活用品，以製作索引卡。完成後將卡摺疊好，放進對方的塑膠袋或紙箱中。

玩法：

❶ 兩組各派出一人抽卡，利用黏土表達出卡片上所示的物品給另一名組員猜。抽題表演的人不能說話，組員中誰先猜對的那一組得一分。

❷ 再換另一成員抽題、用黏土表達，組員間輪流擔任用黏土比手畫腳和猜答案的人，直到 10 個題目都猜完。

❸ 計分高的組別獲勝。

重點

人數越多越好玩；因為在比賽中求快，參與遊戲的人往往會創作地很匆忙，結果是大家對遊戲過程中每個四不像的雕塑大笑不已。一旦孩子結束這個遊戲，爸媽可以說明合作的重要性，透過不一樣的溝通方式，也是可以幫助互相理解的。

這尤其對於在關係中比較無法放輕鬆的孩子來說，可以藉由培養憨勁、在錯誤中看見幽默而有助於在與同儕相處時更加自在。

身體律動篇 兒童瑜伽「眼鏡蛇」（眼鏡蛇式）

練習：

❶ 雙腳併攏趴下，額頭著地。

❷ 雙手手掌朝下，置於比胸口略低的身體側邊。

❸ 雙腳微微張開，吸氣時，慢慢挺起胸膛，將身體往後仰。此時
   爸媽可以說：「看看四周有沒有獵物？眼鏡蛇是可以挺起背脊、
   保持完美平衡的喔！」

❹ 吐氣，慢慢地回到原位。

效果

透過適度地將壓力分布在手臂與腳來修正駝背的姿勢。此外，由於伸展
腹部肌肉，可以促進腸胃消化，預防消化系統的疾病。抬頭挺胸的肢體
語言亦能提升意志力，變得更勇敢。

注意
腰部不適時，請勿做此動作。
當吸氣並將上半身抬起時，用
力與專注的順序依序為額頭、
下巴、頸部、肩膀、胸口。如
果感覺腹部的力量不夠，可以
利用手部力量來支撐。

閱讀篇

	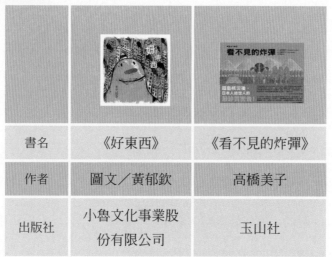	
書名	《好東西》	《看不見的炸彈》
作者	圖文／黃郁欽	高橋美子
出版社	小魯文化事業股份有限公司	玉山社

閱讀學習單 拯救地球 SOS

製作呼籲大家愛護地球的海報，可以是針對保護動物、拯救瀕臨絕種的植物，或廢除核能……

關於「界線」，給爸媽的延伸閱讀

最理想的個人界線：擁有「我」，也能擁有「我們」

諮商專家梅莉莎‧歐爾薷夫對個人界線所下的定義是：「我們身為理想的自己，在任何情況下，活著必須擁有的某種價值、個性或行為。」因為大人常會將自己或自己的習慣，強加於孩子或另一半的身上，動機有可能是想改變他人，或是自己抗拒改變，但如果人不先改變，事情是不會自動改變的。如何能做到改變自己，卻不失去自己或感覺委屈呢？那必須先知道自己的個性特質中，哪些對於理想自我最重要，以及在面對親子關係或伴侶關係時，你願意調整、但最重要的底線為何。

找到自己的界線，並不表示會更沒有彈性或幫「自我中心」找藉口，因為有了清楚的界線，我們可以放下一些不那麼重要的問題與困擾，反而更有彈性空間和力量去關懷和同理他人的需要。東方社會習慣將子女視為父母自己的延伸，類似堅持子女填選父母偏好的志願等，就可視為這種觀念的影響，也許爸媽的出發點是好意，深怕放手就如同拋棄子女或未盡到「親子」的責任，卻忽略了必須先知道自己是誰，知道孩子也是一個完整的人，有自己的意識和理想，而那決定了他要什麼樣的學習和生活，才是他能夠感覺自豪的方式。而爸媽能夠找到屬於自己的價值、特質與理想，就算不為別的，也會懂得讓自己快樂才是健全的第一步。

我要上月球

如何培養孩子的科學精神？

外太空怪物

　　阿諾、柚子和辰辰都是七歲的孩子，學習能力相仿，但由於個性不同，偶爾也會爆發衝突，在團體課中他們的強烈情緒，往往也挑戰彼此，及治療師的耐心與界線。

　　阿諾情緒敏銳度很高，有時會對他人的否定反應激烈，但在這個團體中他卻有點像潤滑劑，因為他知道在遊戲過程中若其他人對他的角色出現攻擊行為都並非針對他本人，有時只要我給予適時的協助，他甚至能覺察到其他人的情緒變化，當敏銳的情感發揮在需要許多創意的遊戲裡時，可以是很棒的玩伴。

　　柚子則是天生的意見領袖，但有時過於強勢反倒在團體中更常落單，所以幫助他時需要溫柔謹慎，才不會打擊他的自信心。

　　而辰辰是個高功能自閉症的孩子，看書過目不忘，或許正因如此，他說話的方式有點像吊書袋，有時會顯得與其他同齡孩子格格不入。自閉症的孩子天生在了解別人的情緒與想法上有困難，這些困難造成他們難以了解實際社會情境的訊息，例如別人的幽默感與言外之意，再加上溝通回應上的困難，易受到同儕的排擠。但是，這些孩子往往都是相當善良、沒有心機的，雖然想法較自我中心，但渴望被接

受與關愛的需求卻不比一般的孩子少。一如辰辰,即使他心中清清楚楚地受到挫折,但表情卻讓人看不出他內心的受傷。

　　某一次,辰辰晚進教室,卻逕自說著他在來的路上的發想:想像如果有人扮演可怕的外太空生物增加遊戲的豐富性,那一定很好玩。我一邊肯定他的意見,一邊帶著他過去沙盤,觀察遊戲進行到哪。沒料到因為柚子帶了一把玩具空氣槍來教室,但晚到的辰辰並不知,以為是教室的新玩具便好奇地在沙盤中把玩。這刺激到柚子的衝動性,為了捍衛自己,口不擇言地攻擊對方。但好在孩子們相處已有段時間,我也較能掌握孩子個性上的優劣勢,所以我堅定地要求辰辰先善後,把玩具槍擦拭乾淨還給柚子,再詢問他誤拿的原因。

　　辰辰感到安全,所以他果決地告知柚子他不是故意的,以為是教室的新玩具。此時,柚子高漲的情緒已經緩減,我支持他捍衛自己的物品「我看得出這個玩具對你非常重要」,相信他是怕玩具被錯誤使用會壞掉才會這麼激動,但責罵別人是沒有必要的,如果謾罵使人內心受傷,我相信也不是他所樂見的。問他願意再次跟團體中的成員說明清楚這個玩具的玩法嗎?柚子其實是很願意分享的孩子,所以「兇兇地」告知大家玩具槍的安全使用方法,還帶著「優越感」說:「你們也可以玩。」

　　遊戲進行到一半,假裝故事中的時間到了夜晚,柚子說我可以假裝扮演怪物來攻擊你們,也就是他分飾兩角,一個是探險遊戲中的隊員,一個是怪物。這讓辰辰大感意外,也對一開始柚子對他不甚友善的說話方式明顯地釋懷了。

　　柚子個頭小,很快地被我們制伏,關在玩具帳篷裡,但時不時就差點被他掙脫。所以阿諾提議說,用那把槍當麻醉槍使怪物昏睡。我問柚子可以嗎?他表情

有點得意地說「當然可以」。接著我提議，是否把牠放逐到外太空呢？阿諾反應很快地說：「但我們不知道他在外太空能不能活下來？不能直接放生。」辰辰接著：「可以找一個盒子當偵測器，偵測器的功能有……」趁著辰辰還沒陷入天馬行空式地長篇大論，我問：「外太空有沒有空氣？」給了阿諾和辰辰方向去進行實驗，此時柚子仍在鑽籠內不斷掙扎，我說「麻醉槍的效果好像失效了。」阿諾說：「有可能怪物會吸收麻醉劑，反而更強大。而且真空測試他是可以存活的，趕快把他發射到外太空吧！」

那天遊戲的最後，設定是太陽初升的黎明，柚子恢復另一個角色回到隊上，但說他有時候還是會變身「怪物」來攻擊喔！這讓阿諾和辰辰興奮又高興，尤其是辰辰，身為發想這個角色的重要人物，他深深地感受到意見與想法受到欣賞與肯定。

準備下課時，我對阿諾說：「你好棒！還好在遊戲中提醒我們別一下子就放生怪物，應該要先觀察和研究牠適不適合外太空的環境才對。」阿諾露出他憨憨地招牌笑容回我說：「老師，這個卡通都有啊！而且我才不要讓怪物死掉！這樣比較好玩啊！」

在遊戲中嘗試所有的可能性，這些都是需要時間的。用愛與孩子們嬉戲，大人也能從孩子身上學會寶貴的一課，傾聽到他們內心的聲音。

培養孩子的科學精神，
爸媽可以和孩子一起做什麼？

 **創作篇** 廢物利用大改造

材料：

任選平日回收的瓶瓶罐罐、紙箱、
廢紙……皆可，當作勞作或繪畫媒
材。

步驟：

創作方式不拘，但記得針對物品的
特性去發想，設計成具有創意性、
趣味性、裝飾性或實用性的新成品。

概念

希望從最實際的方法──調整生活習
慣，讓孩子從中理解回收即是資源，
而善加利用廢棄物更是一個不錯的點
子，不但孩子能夠從中獲得成就感，
完成後的作品，更能從「垃圾」變成美化生
活的用具。

當然最重要的，要提醒孩子減少使用「百年
不朽」的保麗龍、塑膠袋等，因為它們無法
在自然界中被微生物分解，焚化又會釋放毒氣，危害人體，百害而無
一利。所以學習讓環保融入生活，才能把美麗的景色留下來，不懂得
珍惜自然資源，會造成遺憾的喔！

 **遊戲篇** 點點、圈圈、直線隨我變

[版本一] 適合 5 歲以上 （已可充分理解指令與圖像；遊戲不限人數）
準備素材： 白紙、筆

做法： 先發給每個人一張紙，每個人在自己的紙上隨意點出 6 個點。接著將紙張收齊，再打亂紙張順序後，逐一發給每個玩家。

玩法：

❶ 玩家利用這些點來畫任何圖，例如動物、有趣的臉孔或景色。給每個玩家最長不超過 3 分鐘的時間來完成他們的畫作。

❷ 玩家把完成的圖畫跟大家分享，看看每個人的創意。

❸ 除了使用點點外，也可以隨機畫出 3 條線（直線或曲線均可）或任意圖案，讓其他玩家來完成。

[版本二] 適合 6 歲以上 已可略懂文字說明
準備素材： 白紙數張、筆、碗或蓋子等物品（直徑約 5 公分的圓狀物）

做法： 先同版本一發給每個人一張紙，利用碗或蓋子等物品畫直徑約 5 公分的圓形圖案，畫滿整張紙。不用進行交換。

玩法：

❶ 在限定時間內，玩家們試著利用這些圓形來畫出各種不同的圖案，例如時鐘、披薩、臉孔等。

❷ 當時間限制（從 2~5 分鐘皆可）一到，玩家們就得將作品公開。

❸ 玩家們所畫出的每個圖案均各計為 1 分；如果畫出的圖案是別人沒有想到的，則該圖案計為 2 分。

重點

透過遊戲幫助孩子培養手指靈活度、繪圖和視覺思考的能力。以上這些簡單的繪圖遊戲極富挑戰性，要發揮創意才能轉化為各種圖案，幾乎每個年齡的人都能一起競爭。

 身體律動篇 兒童瑜伽「火山洞」（束角式）

練習：

❶ 坐在地上，將雙腳往前伸展。

❷ 雙腳屈膝，將雙膝稍微打開，將雙腳腳底合在一起。

❸ 吐氣時將上半身往前傾倒，使頭往腳尖靠近。此時爸媽可以說：
　「聽說月亮上、或火星上都有好多大大的火山口！往洞裡問問
　看，有沒有人在裡面？」

❹ 慢慢回到原位。

效果

藉由大口吐氣的方式使情緒平靜。
先確實地吐氣，再利用體位適度地
刺激雙腳，可以活化大腦，使意識
更加能覺察到心靈與身體狀況的變
化。當改善了身心的平衡，會逐漸
湧現安心的情緒。

> **注意**
> 爸媽可以在孩子將腳底合十
> 的時候，輕輕地將手放在孩
> 子的腰上，以確認孩子的坐
> 姿是否平穩。告訴孩子不要
> 勉強，做自己能力範圍內的
> 前彎姿勢就好，才能充分享
> 受這個動作的樂趣。

書名	《爸爸是海洋魚類生態學家》	《鬆餅先生！》
作者	文／張東君 圖／陳維霖	大衛・威斯納
出版社	小魯文化	格林文化

閱讀學習單　我的環保工廠

以生產一個有環保意識的發明為概念，譬如說使用完不會變成廢棄物、可以不斷重複使用，或資源的價值能夠不斷再創造的物品，吃的、穿的、用的都可以，請孩子試著發揮創意，設計一個符合環保概念的生活物品，爸媽如果覺得不錯，請給孩子鼓勵和支持喔！

關於「創造」，給爸媽的延伸閱讀

培養主動探索的生活態度

畢卡索說過：「每個兒童天生都是藝術家。」因為兒童對於萬物保持一種好奇與主動探索的態度，尤其對於發展能力較落後的孩子，給予多感官的刺激更有助於他們的適應與學習。更直接的說法是，人人天生都具有在藝術方面的想像力和創造力，但仍需藉由直接創造或間接參與藝術活動的方式，才能持續培養或刺激內在的潛能。因此，不妨將參與藝術當作一種放鬆、身心照顧或情緒滿足的生活態度，無論是走進博物館單純地欣賞藝術品，或到優美的自然環境散步，甚至只是單純地觀看街頭藝人的表演，都可以為生命注入一種新的敏銳度。尤其當我們與孩子分享時，彼此都能在時間與注意力的流動中，重新建立感情互動的心理節奏，也重新開啟關係建立或修復的內在資源。

創造更豐富的新生命

若您或您的孩子願意更開放地擁抱或經驗藝術，不妨透過直接塗

鴉、黏土、素描、繪畫、雕塑、攝影、寫詩或貼畫來表達自己。若從

中找到興趣，甚至可重複選擇樂於從事的活動或主題，藉由穿梭藝術

和想像的途徑，映照出更深層的自我體認，相信彼此都會發現從中得

到的遠遠超過所預期的。就如同當藝術運用在治療上，作品或成果的

完美與否並不重要，創造藝術過程中自我發掘、探索、接納與生命經

驗聯繫的過程才是重點，從積極主動地選擇材料、題材、顏色和任何

形式中，都能使我們自我的內在力量不斷活化。

依照直覺，請孩子選擇以下四樣哪一種即將從這個紅色的圓形裡跳出來？

1. 大吼的熊　　2. 戴著兇神面具的人

3. 巨人　　　　4. 黑貓

我好害怕！要怎麼變勇敢？先找出害怕的動機。

孩子的選擇透露了孩子心中對於哪些人事物或情節存在著特別的恐懼感。

1. 大吼的熊→先天壓抑型：偏向恐懼大自然，如動物、聲音等

<u>建議</u>

（1）恐懼某種聲音：例如走路聲、開門聲、炒菜聲、說話聲等，聽覺敏感或聽覺尚未成熟。建議多自然地接觸環境中聽覺的刺激，促進聽覺的發育。

（2）害怕某種昆蟲或動物：不必勉強自己去觸摸，可以多看這類繪本，或聽他人分享與昆蟲動物相處的經驗，順其自然地降低原始恐懼。

2. 戴著兇神面具的人→環境畏縮型：偏向害怕陌生人事物

建議

觀察自己是不是屬於那種一看到新朋友時，你不是想著「太棒了！有新朋友！」而是恐慌「糟糕！我不知道說什麼？」的人？請善用自己觀察力很好的優點，先注意大家在做什麼，以試著融入一起做事，當作跨入新環境的第一步。把注意力放在別人身上，也可以轉移過度注意自我的緊張喔，這對於害羞、甚至時常緊張到說不出話來的孩子也很有幫助！

3. 巨人→廣泛焦慮型：有過度的分離焦慮、或擔心物品遺失等

建議

將熟悉（或能產生安全感）的東西帶在身上、請家人多停留且陪伴一段時間（約定時間）、提醒或預告何時再見並練習分離時的互動說掰掰。平時積極培養自己的興趣和習慣，將熱情投入自己喜愛的事物可以越來越感覺快樂。

4. 黑貓→未知恐懼型：偏向畏懼超自然秘密力量，如黑、鬼、神

建議

塑造機會，讓孩子有機會主動詢問父母在小時候是如何克服的，也可以多閱讀親子共讀相關的繪本。若有莫名感到害怕的地方，可以請爸媽陪著多走幾次，並盡可能減少引起焦慮或幻想的環境因素，例如晚上不敢一個人去上廁所，即使剛開始有幾次是父母陪同，也絕對要打開走道上的燈，避免因黑暗加深恐懼感。

如果擁有哆啦 A 夢的任意門，請依照直覺選擇你最想要打開的一道門？

A. 充滿美食的餐廳　　　　B. 繁星點點的夜色

C. 綠意茵茵的草原　　　　D. 海天一色的美景

　　當孩子有發展上的困難時，很多家長內心不只有強大的失落，亦有強烈的挫折感，而這些往往都會逐漸累積，進而形成一種長期壓力。但是，我也遇到很多家長，不斷正向地跟我分享孩子進步的喜悅，他們並非沒有遭遇到問題，而是在面對壓力時，不只活得更健康更快樂，並從孩子身上學習到很多。

　　這個測驗幫助你檢視什麼可能是你最大的壓力源。

A. 充滿美食的餐廳→時間不夠的壓力

重視休閒、不愛在體制內競爭，最擔心時間不夠的壓力。因此，當你被壓力包圍時，經常誤以為「沒時間思考」。其實，你實際擁有的時間通常比感覺上的多，糟糕的是，在這種錯覺下往往真的忘記思考，只憑著本能和衝動行事，乃至於最後做出錯誤的決定。

建議

保持「務實樂觀」的態度，但非不切實際的過分樂觀。善用零碎時間，並多擁抱家人，擁抱自己，多多使用肢體語言去表達你的關心和被支持的需要，一個真誠的擁抱勝過千言萬語。關心別人，有時也會是一種有效的紓壓方式喔。

B. 繁星點點的夜色→恐懼未知的壓力

有較為情緒化的特質，對人有時忽冷忽熱，不喜歡被打擾。較易聚焦在事情的負面，凡事常以最灰暗的觀點解釋，因此鮮少嘗試結交新朋友或尋求新體驗。經常尚未嘗試就放棄，害怕未知的預期心理，往往使你很難享受人生。

建議

回到基本面，善用自己因為悲觀而過於謹慎的態度，有組織地做計畫和執行，並且建立安全網，不只列出每件事的負面影響，也要公平地思考出每種情況的光明面。當事情無法按照計畫發展時，就歸零重新出發。

C. 綠意茵茵的草原→情況失控的壓力

個性勤奮，腳踏實地，責任心很重，總是希望達到完美。因此，同樣的問題當外在因素不斷更動或變化時，情緒容易起伏強烈，反而表現失常。其實只要能在完美與務實之間達到平衡，盡力做好本分，就應該肯定自己的努力。

建議

學習「複雜性思考」，既然壓力無所不在，就必須學會如何在壓力變大

時，仍能保持冷靜思考的能力。例如，更有效設定事情的先後順序，客觀分析每項因素等，便能發展出高度的心理承受能力。因為同樣的問題在壓力下思考遠比在平靜狀態下複雜，你得學習不受急迫性干擾，鎮定處理各種不確定的狀況。

D. 海天一色的美景→人際處理的壓力

嚮往自由自在，喜歡嘗試新奇的體驗，不喜歡被約束。常將追求最高目標和內心的滿足感畫上等號，但最怕人情壓力。當自己的想法與眾人的期待不同時，常感受到內外夾擊的壓力。

建議

要懂得變通，才是最重要的生存之道。先傾聽他人，再說出自己的觀點，一方面想好因應之道，一方面可以採納別人的建議，微調自己的想法，最終仍是可以做自己。

孩子一生會遇到的生命課題
第四篇

生病，痛痛！

如何幫助孩子減輕對生病的恐懼？

我希望哥哥跟我一樣

我有一個青少年個案瀚瀚，是一直在進步中的輕度自閉症的孩子。每次就讀小一的弟弟小彥與媽媽一起來接哥哥下課時，總是一看到哥哥離開治療室就熱情地撲抱哥哥。看到個案的手足們那麼愛著他們與眾不同的兄弟姊妹時，我就覺得充滿幸福，因為我們共同愛著他們，因為他們而體會到單純執著、充滿驚喜的愛。

兄弟倆的年齡落差較大，相隔了六、七歲，加上哥哥受到症狀的影響，對於人際互動的反應與熱情洋溢、聰明伶俐的弟弟小彥截然不同，但反應在手足關係上，弟弟小彥感受到的挫折遠遠大過於哥哥瀚瀚。於是，在徵得瀚瀚的同意下，請他邀請一位家人參與每個月其中的一次課程，瀚瀚第一次邀請的對象就是弟弟小彥。

記得第一次三人一起上課進行了桌遊，小彥玩得很起勁，但瀚瀚有一搭沒一搭地，小彥雖然有點失落，但看來挺習慣的。遊戲結束的時候，弟弟小彥說：「我好希望他可以玩什麼都玩得很開心，笑得很大聲，就跟我一樣。」

我說：「我所認識的哥哥，有些事他從來不想也不願做，只有你在的時候他願意考慮一下。其實如果他嘴角抽動一下，大概就是非常

開心了。」說完，哥哥竟有默契地轉頭溫柔地看了我和弟弟一眼說：「嗯，我是這樣的。」

　　如果一個人在外觀上有明顯的或肢體上的障礙，我們通常會很有同情心地去協助他；但如果是一個外表看起來身體健康、沒有缺陷的人，我們都很容易忽略了在對方過度活潑、打擾他人或對旁人不理不睬時，去思考對方或許有其他的困難或需要。大人對於孩子有時也免不得灌入自以為是的想法，更何況還年幼的手足呢？

　　爸媽常提出一個問題，到底要不要讓其他的手足知道孩子面臨的情緒、學習或過動、妥瑞、自閉症或亞斯伯格症等心理上的障礙？我覺得症狀名稱對孩子來說或許意義並不大，但是如何幫助手足間互相了解彼此行為背後的動機，試著找出讓孩子們可以有更多身心交流和彼此了解的互動方式，培養更多的樂趣，使他們更珍惜相處的時光，也才能凝聚和支持他們在成長的道路上互相扶持與相伴！

　　關於愛與關係，大人也常執著在自以為的習慣模式。過去，我也認為愛一個人，就該高調又熱情地說愛；不懂含蓄與溫存也是一種愛的形式。如果不是時間、工作、生活、孩子、人生道路上願意與我們一起成長的家人與朋友，我該如何明白愛有那麼多的樣貌，而我們可以因為愛變成多麼美好的人？

幫助孩子減輕對生病的恐懼，
爸媽可以和孩子一起做什麼？

創作篇 最愛食譜

材料：圖畫紙、彩色筆、鉛筆。

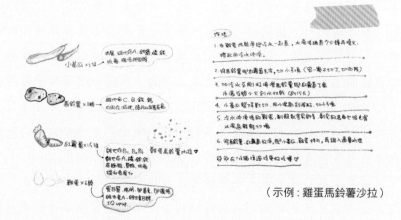

（示例：雞蛋馬鈴薯沙拉）

步驟：

❶ 先畫出任一種蔬果，爸媽協助查閱其營養價值。若孩子已有文字書寫能力，可摘錄重點在畫好的蔬果旁，增加文字介紹。

❷ 請孩子回想是否吃過這項蔬果所做的菜餚、點心或飲料？如果有，請孩子畫出來；如果想不到，爸媽可以提供建議或享用過的經驗。

❸ 讓孩子動動腦想一下這道菜怎麼做出來，爸媽提供正確的製作過程給孩子做參考。有書寫能力的孩子，可將做法寫下來。

❹ 當孩子完成時，爸媽不妨親自示範做出這道美味佳餚，為孩子的營養加分喔！

概念

孩子偏食是一個令父母頭疼的問題，如何對付呢？透過創作可以提供一種開放想像，當孩子從蔬果創作、食譜製作能夠逐一了解，原本與「大人的食物」作對的立場便於為消失。有不少父母在教導孩子珍惜食物上覺得頗為困難。其實，許多大事都是必須從生活中的小事開始著眼。或許當孩子知道「原來青椒的維生素 C 那麼多，是蔬菜中的第一名。可以預防牙齦出血、貧血」，就不會對於青椒的印象只一味地停留在「很難吃」上囉！

遊戲篇 捲軸探險

適合年齡： 5 歲以上 （已可充分理解指令與圖像）。

6 歲以上 （適合的遊戲版本可增加文字說明）。

準備素材：

2 到 4 張 A4 白紙、筆、彩色筆、較硬的吸管兩枝、雙面膠、火柴盒或釘書針盒或自製手指套、圖畫紙一張（以上材料皆備兩份，一份孩子使用，一份大人用）。

做法：（大人與小孩的做法相同，以下以孩子為對象的說明為主。）

❶ 先將 2 到 4 張 A4 白紙，用雙面膠在邊界處黏貼成為一長條紙。

❷ 黏貼好的長條紙兩端分別代表起點與終點，請孩子從起點開始畫出分岔路線。

❸ 建議孩子在設計路線上，可以安排多點的陷阱或關卡，也可以設立多點美好的事物或寶藏。

❹ 在終點那端用雙面膠帶黏上兩根先套好延長的吸管，再將長條捲起來即可。

❺ 在圖畫紙上畫出一個或數個人物或動物，剪下來貼在火柴盒、釘書針盒或自製手指套上。

玩法：

大人與孩子輪流邀請對方玩自己製作的捲軸遊戲，製作者負責捲動捲軸，玩家先套上人物或動物手紙套飾，再從頭開始走，遇上岔路則自行選擇要走的路，走到終點即可知道結果。

重點

要到最後一刻才知道結果的感覺是刺激的！當孩子當玩家時，可以透過角色扮演一步步地了解到一連串相異的選擇會造成截然不同的結局。而當孩子擔任主持兼製作者設計關卡及路線時，爸媽可以從孩子的設計中隱約地了解到孩子目前喜歡什麼？渴望什麼？討厭什麼？或害怕什麼？這些原本爸媽想要了解的訊息，便可以從此親子遊戲中去探索。

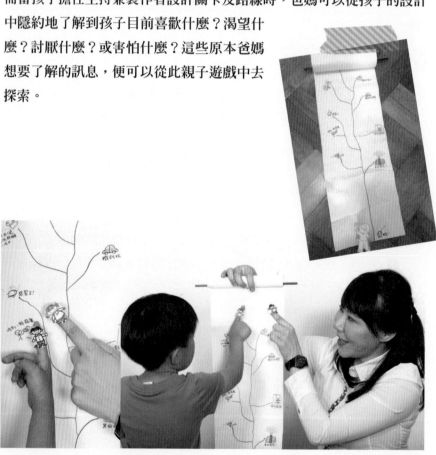

 身體律動篇 兒童瑜伽「聖誕雪橇」（弓式）

練習：

❶ 臉朝下趴好之後，微微張開雙腳。

❷ 彎曲膝蓋，用手由外抓住腳踝。抓住腳踝的手，拇指和其他手指在同一側。

❸ 先吸氣，再挺起上半身，將背往後仰。此時爸媽可以說：「這個小雪橇可以前後搖晃動一動嗎？哇！動起來了！所以是誰坐在上面呢？」

❹ 慢慢地回到原位。

效果

對於體重過重的孩子，這是相當有用的一組動作，可以伸展腹部，有益腸胃蠕動，消耗過剩的熱量，預防肥胖與糖尿病。另外，有刺激脊椎和中樞神經的功能，矯正脊椎不正，促進內分泌平衡。即將進入青春期的女孩，也建議多做。

注意

在將上半身和兩腿拉高離開地板時，請依自己的能力用力拉高即可，只要腿部有用力，哪怕只是微微離地，都有效果喔！

書名	《叔公忘記了》	《威威找記憶》
作者	班・薛克特	梅・法克斯
出版社	遠流	三之三

其他：《天鵝》，文／內田麟太郎；圖／伊勢英子，青林國際出版

閱讀學習單　想哭的時候

適合年齡：

[6歲以上] 具有書寫能力的孩子（[6歲以下] 用口語討論或請孩子畫出一種方法即可）。

與孩子討論何時可以哭，何時不適合哭。對情緒較敏感的孩子，讓他能夠理解只在關心他的人面前表露脆弱的情緒是很重要的。許多小學生或中學生通常都不在同儕面前流眼淚，可以向孩子承認其實每個人難免都有想哭的時候，但如何幫助自己可以在不恰當的情境中克制情緒呢？請孩子想想看，當你在大庭廣眾下想哭時，怎麼辦？

（提供建議：深呼吸幾次、數到10或100、想想開心的事情、上廁所、喝杯水或冷靜地離開現場等。）

關於「悲觀」，給爸媽的延伸閱讀

人生不只是光明面、黑暗面，還有灰色地帶

孩子的心，不只需要正面與美好事物的滋養，也能夠適度地受到現實生活中灰色，甚至陰暗的衝擊。所以家長與老師是否有足夠的勇氣和智慧，從容坦然地接受孩子一連串對生命課題的疑問：「我爲什麼被生下來？」「人爲什麼會死？」「活著要做什麼？」「什麼才是眞的快樂？」與孩子進而共同探討生命歷程的得與失，一起追尋生命的眞諦，辯證這些永遠沒有確切解答的人生課題。

而生命自有定數，如果我們能不被非理性的恐懼死亡阻礙了正常人生的進程，甚至轉念對有限的生命展開積極有意義的追求，或許我們對於人生的視野和態度會衍生更多的包容、感激與堅定。

阿姨生了小妹妹

幫助孩子了解自己是如何誕生的

地下室男孩

《做得好，小小熊》是皓皓在一年級開學後最喜歡的一本書。所以皓皓喜歡我說：「做得好好，皓皓。」來鼓勵他。皓皓的心情好壞顯而易見，因為他喜歡用樓層數字的對比情緒是高興或低潮。我記得當他第一次來上課時跟我說他可以自己一個人住在恐怖的 B3（地下三樓），我不必陪著他，他可以慢慢爬上很高的 12 樓找到我。當時，我覺得我一定哪裡不夠好，所以他才不要我去 B3 陪他。還好，隨著信任關係逐漸建立，我也更能幫助與引導他運用適當的方式處理情緒，發展出健康、互惠的治療關係。

直到皓皓在妹妹剛出生的那個禮拜，心情難以調適，因為自己在家中當了六年獨生子的地位一下子有了巨大的變化；甚至因此在幼稚園和同學打架，打到滿嘴是血，缺了一次課。隔了一週他來上課，嘴唇的傷口有些都還沒結痂。

那次的課程中，皓皓先聲明了，他今天住在地下四樓。說我住樓上，別來找他。接著他畫了一張圖，圖上畫了一朵花、幾個米字、兩個大圓……有點抽象，兩個大圓有點模糊，我說：「你畫ㄋㄟㄋㄟ嗎？」皓皓的眼神一下子從茫然突然亮了起來說：「這是大ㄋㄟㄋㄟ，好的ㄋㄟㄋㄟ。」說完帶著畫紙、彩色筆鑽到桌子底下，像隻小貓咪

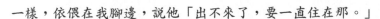

一樣，依偎在我腳邊，說他「出不來了，要一直住在那。」

後來皓皓一直窩在桌底下與我說話或安靜地畫畫，我試著引導他出來，但他似乎覺得這樣的距離讓他更能自處。直到下課前，我想了想，換了句話對他說：「我有點累了。而且我的腳很痛，好像站不起來了。」沒想到皓皓這次默默地從桌底鑽出來，把兩隻小手握住我的手說：「我用力拉妳站起來。」

皓皓現在越來越懂得察覺自己的需要，並調整自己的情緒，一旦他度過最初的困難，總是非常溫暖、樂於付出，我發自內心地覺得跟皓皓在一起上課非常快樂。

我想，小朋友真的是全世界最可愛、最認真的一群人了。能夠與孩子一起工作，見證那麼多愛與奇蹟的故事是我的幸運。藝術治療工作室是一個全然開放的空間，允許孩子在這裡安全的退化，而我能做的是用心去聽、用心去看，然後溫暖地包容，在時機剛好時，發自內心給予真誠的回應。在孩子還沒準備好的時候，或許他在獨自一人或十分孤立時，反而感覺最快樂。如果我們缺乏耐心、或是不願意等待，那麼孩子是可以輕易感覺到我們緊張不安的心，然後他可能得試著控制自己，但這麼做最後往往會讓孩子自己無法做任何事情，因為在壓力之下，他唯一能做的是控制自己的壓力。有時候，給孩子一個機會去勇敢地失去控制吧，盡情地發揮一次，才能學會在沒有這個機制的時候發揮功能。

一個很棒的治療師，會在與孩子的關係裡做個夠好的母親（good-enough mother），那是自然而然、發自內心，每個人（包括男性）也會有的一種情感。等待孩子破除自己的防衛、離開自己幻想出的恐懼，我們的關係才能一起同步的成長。

我們都知道讓「真實」自我呈現是如此困難，但我衷心相信、也滿心期待著、祝福著：地下室男孩的新出發。

幫助孩子了解自己是如何誕生的，爸媽可以和孩子一起做什麼？

創作篇 自我雕塑

材料：

可用油土（不會乾）或樹脂土（較重、會乾）或超輕黏土（極輕、會乾），任選一種材質、準備多色備用。

步驟：

可以想像自己是一特殊角色，然後用黏土做出來；也可以做一個像自己的黏土人偶。雕塑的自我形象，不拘爲抽象或是實際的。

概念

以較爲深入的方式，探討孩子如何看待自己。運用黏土雕塑過程中的擠、捏、壓、揉等感官經驗來引導孩子自我認知，是較新鮮且具啓發性的經驗。但對於自尊低落或情緒敏感的孩子來說，也許會較傾向描述較爲婉轉的主題，例如創作某一個與個人有關的生活經驗，最愛的動物、最喜歡的植物、最喜歡吃的東西等。

遊戲篇 一杯水的重量

適合年齡： 4 歲以上 （身體協調性、平衡感與自我控制包含語言能力都已開始發展。）

準備素材： 數杯水（容量相同）。

玩法：

❶ 爸媽與孩子們同時拿起一杯水，然後設定一條路線，例如從房子或庭院的一角移動到另一處。

❷ 時間開始，便拿起水杯開始競賽！過程中水杯不能放下、水不能灑出來。誰先放棄或將水灑出來，遊戲就結束。

❸ 若想改變遊戲的玩法，可以讓孩子躺在地上並抬起雙腿，利用腳掌撐起物品，如一個枕頭、一個玩偶等。

重點

其實遊戲過程中使用的物件重量都不重，重要的是能拿多久。若拿得越久，就覺得越沉重。藉此讓孩子理解母親懷胎，承擔的重量是一杯水或一個玩偶的好幾倍，時間是漫長的 10 個月，藉此讓孩子體悟母親的辛苦，也了解到當產下胎兒之後，身體狀態一定會因「從無到有、從有到無」而有所改變的原因。此外，複雜性的全身肢體平衡運動能幫助左右腦間的連結，使大腦運作得更好。

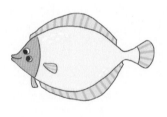

 **身體律動篇** 兒童瑜伽「比目魚」（躺姿扭轉式）

練習：

❶ 仰躺在地，手掌朝下（如果爸爸或媽媽要用手臂當孩子的枕頭則朝上），雙手橫向攤開。

❷ 左腳微微屈膝，並往右倒向地面。

❸ 臉朝左，將軸心腳（右腳）挺直伸展。此時爸媽可以說：「雖
然比目魚也是魚，可是牠的兩個眼睛是長在單側臉上的唷！」

❹ 慢慢地回到原位，另一側也試著做做看。

效果

**透過將身體扭轉，伸展身體側邊，並將
意識集中於丹田（肚臍下方一帶），使
原本緊縮的身體紓解放鬆。當父母能夠
先察覺自己的情緒，並適度地宣洩出
來，孩子也能一起感覺放鬆。這個動作
同時對於紓緩鼻塞、肩膀僵硬，也有效
果。**

注意
爸媽可以扶著孩子伸直的軸
心腳，讓孩子感受到軸心腳
伸展所帶來的舒暢感。接下
來可再輕輕地碰觸膝蓋，讓
孩子掌握將腳往另一邊傾倒
時，扭轉頸部的感覺。

閱讀篇

書名	《謝謝你來當我的寶貝》	《奶ㄋㄟ奶ㄋㄟ》	《鱷魚先生要當爸爸了》
作者	文／西元洋 圖／黑井健	圖文／宮西達也	圖文／Wipavee Chakartsongsuk
出版社	大好書屋	小魯文化事業股份有限公司	漢湘文化

閱讀學習單 小園丁日記

讓孩子「領養」一盆小植栽或者從種下一顆種籽開始照顧。與孩子一起研究照顧的職務為何、了解應該如何栽種，例如「幾天澆一次水？」「能否曬太陽？」等問題。讓孩子從照顧植物的過程中，感覺生命的變化及增加自我的肯定！

關於「照顧」，給爸媽的延伸閱讀

「是孩子的問題，還是我的問題呢？」

我時常在親職講座或家長會談時被問到這個問題，除了給予與兒童心理治療臨床工作的經驗分享與建議之外，讓父母重新思考孩子與自己做為人的價值，還有珍惜父母與孩子間無法割除的「愛與歸屬」的關係，是我覺得在談教養之前更重要的事。日本作家手塚千砂子的《愛孩子之前的預備課程：開始寫讚美日記吧！》是帶領父母循序漸進肯定自己作為父親或母親的一本書。書中內容不只是進行一份學會欣賞自己、稱讚自己的練習；其實是透過誠實的書寫記錄，可以與童年的自己、現在，甚至是未來的自己一起踏上探索自我的歷程，而試著了解自己，是與自己和解的開始。當我們能夠擁抱自己美好的生命，孩子也能在被愛的環境裡，開始學會建立親密與信任的關係。

愛孩子之前的預備課程

當孩子的成長或行為與社會的「標準」有落差時，我們會感到挫折；當父母期待自己越來越「完美」時的焦慮及壓力，更是令人喘不過氣！就好像認真、忙碌、一頭熱的園丁，以為要不斷澆水、施肥、按時丈量

來呵護幼苗長大，卻忘了回頭欣賞，從一顆種子到慢慢發芽、逐漸茁壯的過程中的點點滴滴，那是自己一步一腳印的耕耘與付出才有的美麗奇蹟。即使我們無法成為大眾內心所想的理想父母親形象也無所謂，只要記得感情需求的關鍵在於「心」。當我們能夠和內在的自己並存時，才算是真實活著，孩子也才能夠感受到父母的付出是有溫度的。

不做「完美母親」，先學會「愛自己」的能力

英國心理大師溫尼考特認為，一位「夠好的母親」必須能夠提供促進發展的環境：在嬰兒誕生後，先協助嬰兒維持全能的幻覺，再漸漸讓嬰兒喪失這種幻覺，當他認知自己並非全能，便開始探索外在現實的世界。延伸來說，夠好的母親不一定指親生母親，而是提供親職照顧者。任何正常的親職照顧者都無法百分之百、全神貫注地以「完美母親」的模式長期照顧嬰兒。當你已經是一個夠好的母親時，自然就會想變得更好。但當我們不知不覺地想成為完美母親時，就有可能過於自責或苛求無法做到的部分，這樣的焦慮會使我們對於四周親近的人，包括另一半、孩子，特別是自己給予過多的壓力與不安，而在親子關係或伴侶關係中產生了如同惡性循環般的破壞力。提醒為人父母者：不要完美，而是開始學會對自己與孩子放手，盡力讓自己做為夠好的父母就好。證明自己有「愛孩子」能力的關鍵，在於學會先「愛自己」。

爺爺去哪裡了？

如何幫助孩子理解死亡？

爸爸的手機號碼

　　不可諱言的，我也害怕面對死亡，但「如果我們的生命永遠沒有結束的時候，我們會不會變得更快樂？」

　　2008 年我從英國回台灣，陪伴了父親最後的時光，只有短短的一個月，從普通病房、加護病房到送他去了天堂。雖然我從事心理治療的工作，也知道人都會老、會有不行的時候，但當時面對父親罹患突如其來的癌症末期，我除了不捨他承受極其痛苦的治療過程，更心痛的是，總會想著爲什麼善良又熱情的爸爸會在 50 幾歲的年紀生這場重病，無法接受在我和父親還有許多夢想還沒有一起去實現前，他有可能會離我遠去？

　　他人生的最後一個月，我想是老天爺送給我的，讓我這輩子不至於遺憾太深。直到公祭追思，我雖悲傷痛哭，但陪伴著父親完成生老病死的課題，我逐漸明白死去的人是可以帶著親友滿滿的祝福與關愛，走向生命的另一個階段。

　　此後的七年間，我的工作對象大多是幼兒、青少年或其家庭，內容以情緒發展或社交技巧的輔導工作爲主。只有在與癌症病友、失智長者與其親屬的支持性團體一起工作時，因面臨喪親的可能性很高，

所以需要以「死亡」或「哀傷」做爲中心，透過藝術治療重新建構自己的、和死者的關係與意義。但是，人有旦夕禍福，在我與5歲的小智開始工作前，從資料上了解到孩子有疑似高功能自閉症的診斷，所以在語言、情緒或社交上較同齡的孩子有發展上的困難之外，在他4歲時父親因爲疾病驟逝了。問到母親小智對於此事的反應，母親苦笑著搖搖頭說：「當時像是一場災難，小智在喪禮上一直大笑吵鬧，我一個人分身乏術，也不知道原來小智有情緒理解的障礙。每當我回想起來，除了心疼小智，心中其實很想知道經過了一段時間療癒的他。是不是已經接受了父親的死亡？」

我告訴媽媽治療目標會以小智整體發展的提升爲主，等小智的自我與認知發展較成熟時，我或許能以戲劇遊戲或藝術創作的意象，來了解現在小智對於喪父的理解與接受到什麼程度。隨著與小智的信任關係越來越穩定，孩子也越來越願意在我面前談論他在各種現實情境中所面對的困境，臉上的表情逐漸變得豐富，不再像是個機器人般總是重複著一樣的話，他開始回應與表達自己的眞實需求。

與小智工作了近一年後，孩子的母親因爲生病住院開刀，我與小智的輔導工作中斷了兩個星期；或許是因爲經歷了母親生病、住院、健康回家的安全經驗，小智在長假後的第一堂課中的故事與藝術創作裡，提及了母親與過世已一年的父親。

那一次我們與遊戲中的小玩偶繼續出發旅行，我與小智想像這是一趟比起過去充滿更多未知的旅程，所以製作了恐怖面具，假裝當我們遇到壞人時就可以拿出來戴上、嚇跑他們；另外，我們也討論到假如發生危險應該找誰求救？如何求救？我建議可以在船的兩側寫上我們認識的家人的電話。結果令我非常驚訝的是，小智在珍珠板做的玩

第四篇　孩子一生會遇到的生命課題

具船兩側分別寫上了媽媽、外婆、奶奶家的（想像）電話號碼；最後他說：「還有在天堂的爸爸的手機號碼，如果媽媽、外婆或奶奶的電話都連絡不到我們了，就打電話給在天堂的爸爸。」我跟他說，我的爸爸也在天堂。小智突然想到了什麼，他問我說：「邱老師，那妳爸爸死的時候，妳難過嗎？」我說是啊，小智將小手伸到我的背後，輕輕拍撫著我說：「我也是。」

在那天課後的會談中，小智媽媽說著孩子這幾個月的變化。孩子像是變了一個人，4歲半之前像個機器人，5歲的現在變成像個青少年般的情感「熱烈」；原以為是個能力落後的孩子，居然這一年學語文、數學、畫畫、音樂都有不凡的表現。但她很困擾，學校老師也很困擾，因為小智似乎越來越不受控制，有情緒、有需求、有好有壞、有笑有淚。

我跟小智媽媽說：「從人偶變成人，怎麼能時時受控制呢？」我想，在每個人的夢裡，都想自己當國王，在自己的領土上只讓人偶們小小聲說話。但誰也是誰的人偶啊！我想人偶也有人偶的愛，和孩子工作時，我會帶著愛摘下自己的眼睛，只保留了退化的手和心，耐心地等待一句咒語。要讓孩子有能力拯救我，我需要的不只是時間。

那一天我告訴小智媽媽，小智或許在喪父的時候未能充分地完成憑弔及喪事，但他心中是記著這件事情的。他藉由我的難過而得到了理解，同時也試著理解與安慰難過的我。現在的小智已不再遠離或忽視父親的死亡，或許他開始以自己的方式，接受了不再共處於同一個世界的父親。

回到本篇故事一開頭的問題，我想生命課題永遠沒有確切的答案，與孩子共同探討生命歷程的得與失，一起追尋生命的真諦，或許我們都能對於人生的視野和態度衍生更多的包容、感激與堅定。

幫助孩子思考死亡，
爸媽可以和孩子一起做什麼？

 **創作篇** 給天堂的奶奶

材料：

❶ 鉛筆、畫筆。

❷ 信紙。

步驟：

❶ 先引導孩子進入故事中，＿＿＿＿ 的奶奶過世了，他非常難過。媽媽跟 ＿＿＿＿ 說，雖然以後再也看不到奶奶了，但只要 ＿＿＿＿ 的心中想著奶奶，奶奶就不會離開。她會永遠住在 ＿＿＿＿ 的心裡，不論 ＿＿＿＿ 傷心、生氣、開心、難過……她都會陪著 ＿＿＿＿。＿＿＿＿ 覺得媽媽的話很有道理，他想寫一封信給在天上的奶奶，請奶奶不用擔心，他一定會乖乖聽媽媽的話，而且不會忘記奶奶。

❷ 請孩子發揮想像力幫 ＿＿＿＿ 完成這封信。鼓勵孩子可以畫圖表示、可以問問題，當然也可以提供其他材料讓孩子製作想要寄給奶奶的禮物。

概念

討論死亡，可以是讓孩子不只是理解字面上的意義，也可以透過傳達思念之情鼓勵孩子重視關係的連繫。透過豐富的創作方式表達對逝者的懷念時，孩子可以從中學習到如何安全地宣洩失落的感覺，試著以正面的角度看待死之別離。

遊戲篇 紙上探險遊戲

適合年齡： 6 歲以上（已可充分理解指令與圖像及簡單的文字說明）。

準備素材： 一或二張全開白紙（或壁報紙）、筆、彩色筆、小玩偶數個。

做法：

❶ 打開單張圖畫紙，或將兩張全開圖畫紙用雙面膠在邊界處黏貼好。

❷ 由爸媽繪製好一張探險地圖，可以有兩、三個起點或終點。

❸ 爸媽擔任把關者，可以先在探險地圖的關卡上放置小石頭、樹枝、機器人、寶石、禮物、動物等物件，待遊戲開始時可以使用。

玩法：

❶ 闖關的遊戲玩家挑選一個玩偶做為自己的化身。

❷ 選定好闖關的入口便可以開始挑戰。

❸ 爸媽透過口述關卡與陷阱，引導孩子在探險過程中不斷地思考與解決問題。

❹ 建議遊戲的終點可以有多種選擇，例如：選擇旁門左道可以帶走寶物；瞬間移動回到起點，但會忘記過程中的一切挑戰；選擇通往未來，則可以繼續進行下一個探險地圖。

重點

爸媽可以在路徑中安排許多難關、陷阱，讓孩子試著動動腦解決問題；也可以放上需要被拯救的動物、落難的人，鼓勵孩子的同理心與助人

的善舉。建議圖像不一定要畫得很具體，爸媽也可以發揮創造力用同一張圖與孩子進行不同詮釋的探險遊戲喔！

有的房屋銷售的廣告單上也繪製了精緻的地圖。爸媽可就地取材，直接在上面貼上各種人物、石頭、動物等布置，孩子就可以玩得很開心囉！

當然，如果一個不小心，在探險過程中發生危難或判斷錯誤，孩子也能藉此遊戲逐漸地理解死亡的概念。

 身體律動篇 兒童瑜伽「做夢」（大休息式）

練習：

❶ 仰躺在地上，雙腳打開與肩同寬，雙臂則分別往左右攤開三十度左右，手掌朝上，整個人完全放鬆躺著，就像把自己交給大地一樣。

❷ 先吐一口氣，從嘴巴慢慢吐出氣來，接著再輕輕地閉上

> **注意**
>
> 這個姿勢看起來好像只是「躺著」而已，看似簡單，卻是非常困難的。如果能真正做好這個姿勢，腦波將變成放鬆的波狀，疲勞或睡眠不足也能消除，使頭腦更清晰。在孩子進行第2步驟的5分鐘裡，不妨以溫柔的聲音引領孩子輕輕地閉上眼睛，臼齒不要緊咬，露出淺淺的微笑，以迷人的表情，將愉快的感覺更深刻地留存於身體與記憶之中。

嘴巴，從鼻子慢慢吸氣。接下來再繼續以一般的呼吸方式放鬆身心（5分鐘左右）。

❸ 將意識回到身體。動動腳尖，握緊、張開手掌，然後慢慢地起身。

效果

讓身體徹底鬆弛，使腦波放鬆，消除疲勞與睡眠不足，可使頭腦清晰，靈感湧現。

 閱讀篇

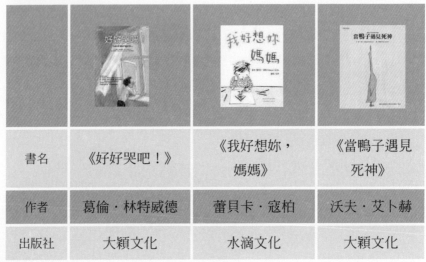

書名	《好好哭吧！》	《我好想妳，媽媽》	《當鴨子遇見死神》
作者	葛倫・林特威德	蕾貝卡・寇柏	沃夫・艾卜赫
出版社	大穎文化	水滴文化	大穎文化

閱讀學習單　死神的形象

你覺得死神長什麼樣子呢？沒有人看過死神，大家對他的模樣充滿著各種想像。在南非畫家皮特・格羅布勒的筆下，死神並不可怕，是個身穿白袍、手拿醫藥箱的長耳兔子（《國王與死神》）。丹麥畫家夏綠蒂・帕迪畫的死神則是藏身在黑色斗篷底下既神秘又略帶恐怖的形象（《好好哭吧！》）。現在，請你發揮想像力，把你心目中的死神畫下來吧！

關於「死亡」，給爸媽的延伸閱讀

如何與孩子談論死亡？

跟孩子談論生死，要依據孩子的年齡來談。心理學家納吉將兒童對死亡概念的年齡模式分為 4 個階段：第一，3 歲以下的兒童無法分辨死亡和分離，常會產生分離焦慮；第二，3 到 5 歲的兒童認為死亡就像睡覺或旅行一樣，是一個可逆的過程，甚至認為自己更乖一點，死去的家人就會回來；第三，5 到 9 歲的孩子已經了解到死亡是生命的終點，會用擬人方式來看待死亡，比如他們會認為死亡是被鬼差抓走，但未能完全了解死亡會發生在每一個人或自己身上；第四，9 歲以上的孩子已有死亡是每個人都無法避免的認知觀念。

如何面對親人的過世？

爺爺奶奶過世時，通常是兒童第一次與死亡接觸，第一次經歷失去親人，也是第一次看到父母公開哭泣。祖父母常是孩子生活中無條件的愛與照顧的來源，因此更容易產生失落感。此時父母可以多跟孩子有親密的身體接觸，例如，多抱抱孩子或主動牽手，讓孩子有一種被照顧與撫慰的感覺。在適當的機會對孩子說：「爺爺過世了。感謝爺爺對我們

的愛與照顧，祝福他在另一個世界能夠快樂地生活。雖然以後看不到他，但他對我們的愛還會存在。想他的時候，我們可以寫信告訴他。」家長應引導孩子用寫信、畫圖，或孩子願意接受的方式，跟去世的親人對話，平撫孩子的感傷，並引導孩子把難過表達出來。

真的有天使嗎？

如何與孩子談論超越時空的信仰？

聖天使與黑惡魔

　　阿軒敏感、倔強而聰穎，在未完成創作 1:1 的人物畫像時說：「覺得自己一半像聖天使、一半像黑惡魔，但我到底是什麼？」因為他覺得自己盡可能做到公平，也堅持要做對的事情，有責任說明「正確」的結果是什麼；但他說服別人的方法像惡魔，有時得理不饒人，通常還用在跟弟弟和媽媽的溝通相處上。

　　他以為只要不斷地解釋及堅持，大家就會了解他是對的；不幸的是，結果往往並非如此，就算他說贏了，最後弟弟可能哭了、媽媽不想跟他說話。我說就像他常跟我說的魔法師德魯依，懂得運用自然界的龐大力量來維持平衡並保護生靈，有些爭論值得一戰，有時暫時避免爭端可以結束僵局，把你的力量用在想出皆大歡喜的解決方案上吧！

　　阿軒接著說：「可是通常我想要休兵的時候，弟弟都已經哭了！」我請他說了最近幾次跟弟弟、媽媽的爭執過程，我想他需要一些信號來幫助他判斷時機，我跟他說下回特別注意一下爭執過程中開始出現不自然的沉默、不回應你說的話、翻白眼、眼觀他方、手攔在胸前、惱怒的聲音或敷衍地說「好吧！」「隨便你！」還是負面的「閉嘴！」

等語詞就該停下來，不要再次陷入爭執的窠臼。

阿軒問：「老師，那我就認輸了嗎？」

我說，「動動腦啊，怎麼說出有風度的話？」

「我可以說這只是我的建議嗎？」阿軒問。

「當然可以，你也可以說我想我無法說服你，你認為我們應該怎麼做比較好？或是那是我的想法，但你可以做你認為對的事。」

「那我也可以說我的話就說到這裡嗎？」

「可以的。這就是雙贏啊！你應該怎麼做，才會對每個人都公平？你不用認輸，可是也不想因為一時的勝利換來長期的問題，想辦法雙贏，那你的德魯依就能保護每一個生靈。」

但在這個前提上，阿軒首先要減慢一下說話的速度，我說你連珠砲式的說話速度，有時一句話裡塞了太多重點，可以一次一個重點就好嗎？我跟他說有一個英文字組合為「TMI」，意指「Too Much Information」（太多訊息了）；結果這小子急著跟我說：「老師，這個英文老師有教過，我寫一句話你看看是不是這個意思？」我看著他在白紙上寫下：「What were you doing when the bear walked by?」然後抬頭一臉興奮地對我說：「英文的重點就是前一句？」我被他這牛頭不對馬尾的回話弄得啼笑皆非，正色地跟他致歉說：「對不起，我說太多了！」他愣愣地笑開來說：「老師沒關係，不用跟我道歉啊，我知道你只是想幫我。」

「有的時候你最需要的，只是一個溫暖的擁抱。」有時候那個被幫助的人會更了解助人者的心。在無助的那一刻都是落塵的天使呀！

與孩子談論超越時空的信仰，
爸媽可以與孩子一起做什麼？

 **創作篇** 實現願望的日曆

材料：圖畫紙或印製好的年曆、畫筆、膠水、任何可用做裝飾的素材、長尺。

步驟：

❶ 可在圖畫紙上繪製表格，標示出年度和月分或直接選用印製好的年曆（有月分），以手寫或畫畫或拼貼的方式，將祝福的話、想要實現的目標或願望呈現在每個月的表格中。

❷ 點綴圖案或裝飾貼紙，使其更增添趣味。

❸ 最後寫出全年度的計畫或期待，亦可畫出一個富有含意的圖案作為聯想。

概念

這也適用在每個月的小計畫，透過自我暗示的力量，引導自己或提醒自己不可錯過的每月大事。這就好像孩子喜歡將節日或家人的生日在月曆上塗紅畫圈起來一樣，因為這是孩子生活中最重要的日子，隨著時間

越接近，總是越牽引孩子的心情在期待中起伏。透過這樣簡單的創作方式，可以讓孩子對自己當下的生活更懂得把握，不論做計畫或是許願，都是一種正向的愛自己或照顧自己的方式。父母也可以從中了解什麼是孩子當下最重視的價值觀或事物。生活有時不能盡如人意，但生活的態度或信念，卻可以掌握在自己手上，這種正面思考的練習可以提醒我們把握當下，專注在更重視的人事物上，累積有意義的正向經驗。

遊戲篇 神鬼大戰

適合年齡： 7歲以上 （可進行具挑戰性的數字符號或簡單文字遊戲）。
預計遊玩時間： 20分鐘。
準備素材： 一張2開白紙、筆、2個骰子、數張卡片（若為正方形長寬略小於4公分；若為圓形，直徑略小於4公分）、長寬高皆不大於4公分的數個小玩偶、長尺。

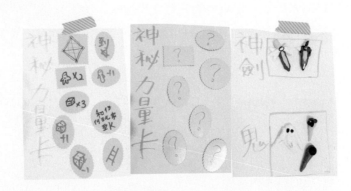

做法：

❶ 先於白紙畫出空白棋盤或2開大小的方格紙亦可；棋盤每格約4公分×4公分；棋盤包含約10條直與橫線，格子越多，可以玩得越久。

❷ 用樹脂土製作小玩偶，長、寬、高皆不大於4公分。

❸ 製作神祕力量卡，在卡片正面畫「？」，背面則寫或畫上可以

幫助或陷害的指令，例如：畫出骰子、加號和數字代表這一回合可以多丟幾次骰子計算總步數；畫一隻鬼則會多出現一隻鬼來抓玩家；畫骰子加上負號和數字則代表暫停幾回合畫盾牌則是可以在遇到鬼時，防禦一次而不必退回起點；☆則是到棋盤上標示☆的位置；拿到梯子則是在走到標示梯子的位置時，可以對角線直走到另一個標示梯子的格子；和另一玩家互Ｋ，就是和某一玩家交換位置；還可以自創更多神祕力量卡的指令。

❹ 在棋盤上的四個角落，選一格子標示起點，其對角線、最遠的那一格爲終點；另兩個角落爲鬼的起點。

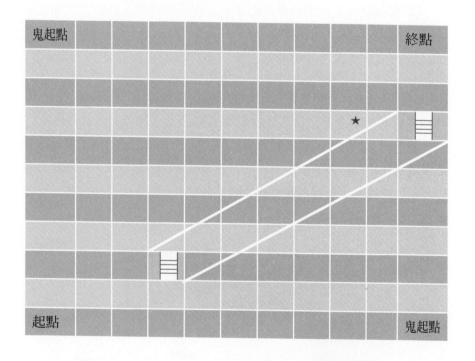

❺ 將神祕力量卡的正面朝上，隨意將卡片放置在棋盤上的格子。

玩法：

❶ 玩家選好代表自己的神劍，主持人當鬼，先放到各自的起點。

❷ 用擲骰子來決定前進的步數，特別的是：鬼跟神劍同時骰骰子，數字小的能夠移動，若是一樣就可以同時動，只可以走直線，上下左右皆可，但不能倒著走。

❸ 如果走到有標示「？」的卡片要翻牌執行背面神祕力量卡的指令，如暫時用不到的，可以先保留卡片，等走到格子再執行。

❹ 如果玩家遭遇到鬼而無盾牌保護，則玩家必須退回起點；如果玩家有盾牌，則鬼退回起點。

❺ 哪個玩家先抵達終點則獲勝。亦可限制時間，若時間到而無玩家抵達終點，則主持人獲勝。

重點

對所有孩子來說，類似「西洋棋」玩法的棋盤遊戲最具挑戰性。但其實可以運用其基本的遊戲規則製作富有策略思考、預先計畫及邏輯思考能力的遊戲，讓孩子的大腦動起來。在進入青春期之前，孩子會持續發展理解及使用抽象觀念的能力直到青春期，獲得近似於成人班的能力為止。所以鼓勵孩子多玩一些策略遊戲，可以刺激孩子的心智成長，又能使他思考、暢談，能讓他樂在其中喔！

 身體律動篇 兒童瑜伽「謝天」（拜日式）

練習：

❶ 可以先跟孩子說：「對自然萬物都心存感謝，所以你們才能夠平安地長大呀，我們來謝謝太陽總是在我們出遊時給予充滿陽光的好天氣！」

❷ 雙腳併攏立正站好，雙手合十（合掌）置於胸前。

❸ 將手朝正上方舉高，用雙手的拇指和食指為成三角形的形狀。

❹ 眼睛從手指圍成的三角形內看出去，仰望正上方。

❺ 慢慢地回到原位。

效果

孩子挺直伸展身體，可以刺激脊椎、活化神經，這個動作也能夠促進頭腦清晰喔！容易失眠或心情較易陷入低潮的父母，也能藉由此動作減輕自律神經失調、輕度憂鬱等情緒上的困擾。

注意

當孩子仰望頭頂上方時，有可能會因為脖子過度後傾而前後搖擺，只要提醒孩子站立時要施力在雙腳、從大腿到腳尖都確實用力就對了。

書名	《聖誕節的禮物》	《後山小手印》	《地球的禱告》
作者	五味太郎	圖文／花蓮縣壽豐鄉水璉教會等，策畫／財團法人伊甸社會福利基金會	文／道格拉斯・伍德 圖／P.J. 林區
出版社	上誼文化	人類智庫	道聲

<u>閱讀學習單</u> 感恩日記練習

　　和孩子一起選一本漂亮的筆記本，從今天開始練習寫感恩日記。每天只要花 15 分鐘記錄一天中發生的美好的事。也許一開始孩子可能會很難想起有什麼美好的事。因此，父母要給予孩子一些鼓勵和刺激。舉例：陽光、清涼的微風、小點心、親人來訪、朋友來電、聽見一首好聽的歌等都是。如果孩子仍然抗拒寫一段時間的感恩日記，就先設立小小的獎勵制度做起。可以說當他寫出每一件感恩事項，就贈送一份小禮物（例如貼紙）作為鼓勵。

記得喔！這個活動是在於打開孩子的心與眼睛，懂得珍惜且深刻經驗這些美妙的事，所以父母要發揮智慧讓孩子開心接受這個需要耕耘一段時間的工作！

```
小寶的感謝日記

・謝謝媽媽的早餐，很好吃
・爸爸今天休假，陪我散步去學校
・大寶哥哥借我他最喜歡的煙車
・阿子跟阿公來接我，然後去公園
・功課寫完了，爸爸媽媽和大寶哥
　陪我玩大富翁，我心了!!
・今天好開心，晚安。

媽媽：小寶今天好棒哦!!
爸爸給小寶 ♥♥♥♥♥
```

（參考示例）

關於「幻想」，給爸媽的延伸閱讀

幻想的存在意義

孩子在成長的過程中，需要幻想的歷程去支持自己，尤其當外在環境的刺激大於孩子可以承受或克服時，幻想的世界能給予孩子內在的充實感與安全感，而不至於感受到完全難以控制的恐懼，這是孩子本能上用來解決心理不安或生理不適的方式。這也是爲什麼爸媽會有一段時間常聽到孩子可能選取某一個人物，或動物角色去發想一連串的故事。這個編造的故事，通常也會在那段時期不斷在治療室中重複出現，因爲這個故事可以協助孩子表達他在那個階段所面臨的恐懼、憤怒、哀傷或害怕等難以說出口的情緒，以及內心渴望反擊的勇氣。

被壓抑的幻想

幻想對孩子來說非常重要，如果豐富的幻想世界被完全壓抑，孩子的心靈動向沒有機會發展，他們極有可能在沒有任何準備之下，或是處在過度焦慮的環境時，情緒失控或行爲表現大爲失常。而這樣的童年傷害，通常會影響到孩子日後的人格發展、人際關係，或面對挑

戰時不信任自己的態度。

治療室提供了安全的過渡空間

特別是憤怒的情緒，在現實生活中，我們並不鼓勵孩子用肢體攻擊

方式來表達憤怒，但內心的挫折與憤怒無法宣洩時，孩子往往不是變成

學校的小霸王，易怒、易與他人產生肢體衝突，不然就變成了壓抑自己、

退縮、不願與人互動的獨行俠。在治療的過程中，使孩子內在的負向情

緒，可以透過想像式的藝術創作、角色扮演或玩樂遊戲，以安全的方式

表達出來，在想像的世界裡，孩子即使是弱勢的一方，也能夠不斷嘗試、

勇敢的反擊，而現實環境中無法克服的困難即使是個大怪獸，也會有投

降的一天。

長大以後……

如何引導孩子規畫
自己的人生？

畫鉛筆，我可以

　　翔翔雖然被診斷有自閉症，但在家人的照顧及完善的特教資源協助下，語言發展的結果令人欣慰。翔翔的是聽覺記憶尤其敏銳，他喜歡聽故事、說故事，從反覆述說故事中也逐漸理解許多在實際的人與人互動中他常困惑的事情。唯一令他挫敗的是，由於大腦功能的受限，視覺記憶以及文字書寫或畫畫的能力較弱，也就是說他可以聽過不忘，但若不專心或運用技巧協助，他可以過目即忘。

　　他是個幸運的孩子，學校班上的同學非常友善，國小六年級時，在同學的鼓勵及陪同下（據說是在講台上站著一左一右陪伴他），他代表班上參加朗讀比賽，得了不錯的名次。來上藝術治療課的時候，他興奮地分享了這件事，我問他願不願意週末的時候跟小小朋友說故事呢？翔翔猶豫了一下，點頭答應了，時間計畫在兩個月後。由於準備的時間充裕，我們選擇了一個他最近特別喜歡上「教育部繪本花園」網站「聽」的一個故事，只是這次我們要邊「看」邊聽邊「畫」，這對於翔翔和我都是極大的挑戰。

　　翔翔天生個性上較為悲觀，再加上自閉特質的影響，對於出過差錯或不能順其心意的事情總是記得特別久，即使已經有了成功經驗取

代失敗經驗，他還是會習慣性地回應：「好的！可是……」，其實他內心深處也不想如此，但是負面情緒常絆住他的思緒，讓他難以掙脫，有時因為一直重複說著自己的憂慮，又未能留心其他人的需求或反應，最後常使人感到厭煩。或許是這次朗讀成就的鼓勵很大，加上在上課時我一起分享他最喜歡的網站和最近愛聽的故事，他難得放下失望的預期心理而決定接受新體驗。

其實有時翔翔的碎碎念、擔心或抱怨是真的需要他人的幫助，但是他自己有時也沒發現，而身邊的大人也已經習以為常或有時被煩地駁斥他的顧慮，常對他說「這沒什麼」「回去坐好」或「剛剛已經說過了」，這往往使他可能得不到真正需要的幫助，於是又繼續詢問，形成惡性循環。但是這個他所習慣的語法，運用在反向的練習時，卻可以提醒他不再抱怨，而是如何問對問題，尋求協助。方法很簡單，就是我搶了他原本要說的話，例如，在畫人物時我問他說「有沒有信心啊？」翔翔說「有。」我接著說「可是(或但是)這個好難畫喔！」翔翔會焦慮地急著說：「沒有可是(或但是)！」我說「可是這真的很難，你需要幫助嗎？」翔翔說：「我需要幫助。」每當他說對了話，我就給予讚美和鼓勵，逐漸讓他減少焦慮式的問法，而可以在需要協助的時候有效地尋求協助。

對翔翔來說，「左右對稱」的圖型是最難畫的。譬如，狗和貓咪的翹鬍子，無論如何畫都有困難，後來甚至對照著電腦螢幕畫也一樣畫不出來，其中我們出現過這樣一段對話，我問翔翔說：「但是這個好難，要不要放棄？」翔翔說：「沒有但是，不要放棄！」我說：「可是你好辛苦，真的做得到嗎？」翔翔毫不猶豫地說：「『你』不辛苦喔，我一定可以使命必達的。」，大概是有點急了，於是你、我、他都搞混了，卻更讓我感受到他內在動機的強大。突然靈機一動，我抓著他

的手，重複練習兩三次畫翹鬍子的「動作」，用手感去記憶而不用眼睛看去記憶，沒想到居然奏效，後來的每一張畫，雖然偶遇困難，但我們知道每一次的嘗試都是實現自己的一部分，當不再焦慮、不再患得患失，我們從容地享受完成每一張圖的過程。當我們的思緒不被診斷或症狀所限制，而是從每個孩子獨特的個性去找出方法，或許更可以使他們破除情緒的迷思，達成目標。

記得是同一天，我在與翔翔上完課後晚上與琳琳一起工作，小女孩因為過動和專注力不足的問題總是為寫功課而搞得心情很糟，那晚一樣是拖著沉重的步伐、悶悶不樂來的，或許是下午翔翔給我的信心，我試著找出琳琳的個性脈絡，當她在教室很果決地說出：「我就是不願意說放棄！再給我一次機會」時，我內心與孩子一樣激動。琳琳那晚離開治療室的時候，心思已經將枯燥的作業轉化為長翅膀的蝴蝶，想著怎麼飛出與眾不同的翩翩舞步了！

於是媽媽問我怎麼琳琳今晚離開的腳步變得輕盈，我說因為我終於突破壓力，這樣的氛圍與心情是會感染到孩子的！的確，孩子的心如此敏銳，即使我們什麼都沒說，他們也能感受。因此，我深刻的心得是，如果大人自己不能以身作則，說著孩子的時候也會心虛的！

我還記得，那個美好的夜晚，小女孩說了再見又跑回來跟我說了幾句話：「老師妳不要太晚睡，因為妳每天都很忙，需要很好的睡眠時光喔！祝老師有個好夢！」

「謝謝妳！我也祝妳有個美好的夜晚，甜蜜入夢。」

引導孩子規畫自己的人生，
爸媽可以和孩子一起做什麼？

 **創作篇** 人物專訪

步驟：

讓孩子擔任小記者，選擇爸爸或媽媽做為採訪對象，完成一篇秘密檔案。若孩子詢問的方式不夠有禮貌時，做為受訪對象的爸爸或媽媽可以指導一下資淺的小記者怎麼說、怎麼問會比較好喔！（以下為參考的範例表格）

記者：	（自訂題目）
受訪者的身分或職業	
出生年代或地點	
簡述到目前為止的生命旅程	
覺得最感動的事或一句話或一部電影或一首歌	
小記者採訪後的啟示與心得	
合照	

 **遊戲篇** 巧克力工廠

適合年齡：至少 7 歲以上。
人數限制：需四人一起玩。

預估遊玩時間：20 分鐘

準備素材：數張多色的卡片紙、筆、彩色筆、圖畫紙、厚紙板兩張以上、骰子、貼紙或其他可供裝飾的素材、膠水（口紅膠、保麗龍膠或白膠皆可）、剪刀。

做法：

❶ 製作小立牌 4 個，分別畫出貓戰士、Cookie 貓、狗騎士和 Luna 狗的模樣（自行設計），並沿著邊緣剪下來，接著用較厚的紙板對折，在預留底部相黏貼的部分，將之前減下來的圖分別黏結在底部成三角狀，這樣小立牌就可以站起來。

❷ 製作遊戲版，將兩張厚紙板相黏成一個大紙板。因為我們要設定較多的關卡，關卡越多可以玩得越久，每一個關卡的格子形狀一致，但不拘是一個一個圓形、或長條狀軌道皆可，把事件、禮物或地點填寫在格子中。

地點	例如：巧克力店、實驗廚房
事件	例如：遇到旅行團問路暫停 1 次，搭貨車司機的便車多前進 1 格，走路摔跤付醫藥費 5 元，若錢不夠則必須退後 3 格等。
禮物	抽一張材料卡

❸ 製作事件或地點相對應或需要的附屬卡片。例如：製作至少 8 張材料卡（橘色卡片紙上貼或畫如榛果、薄荷等的圖，註明取得金額為：免費或 1~10 元等）；錢幣卡（白色卡片紙上用畫的或貼上 1、5、10 元金幣的圖在卡片紙上，1 元 60 張、5 元 30 張、10 元 20 張）、10 張產品卡（綠色卡片紙上貼或畫如巧克力蛋糕、巧克力醬等的圖，註明賣出金額為：1~10 元等），遊戲開始時每位玩家僅各有 5 張 1 元的金幣卡，各有一張專屬的材料卡（粉紅色卡片兩張、藍色卡片兩張），其餘的卡片皆在遊戲過程中取得或使用。

粉橘色卡片	8 張	材料卡	咖啡豆、橘子、核桃、杏仁、榛果、焦糖、奶油、薄荷
白色卡片	110 張	錢幣卡	1 元、5 元、10 元
淺綠色卡片	10 張	產品卡	布朗尼蛋糕、黑森林蛋糕、巧克力咖啡、巧克力磚、巧克力醬、巧克力棒、巧克力捲、巧克力糖、巧克力花、巧克力蛋糕
粉紅色卡片	2 張	材料卡	貓戰士玩家拿「花生」、cookie 貓拿「葡萄乾」
淺藍色卡片	2 張	材料卡	狗騎士玩家拿「可可豆」、Luna 狗拿「牛奶」

Funny tips 更好玩的的製作秘訣分享：

製作錢幣卡時，也可以考慮畫或貼上金、銀、銅三種貨幣的圖，視覺上會更有效果。（金額換算可設定為：1 金幣＝3 銀幣，1 銀幣＝3 銅幣）

材料卡或產品卡的金額也隨之替換為幾個金幣、銀幣或銅幣來代替，並以圖示的方式來表達，例如在材料卡上畫兩個銅幣，就代表要用兩個銅幣來兌換，以此類推。

當然，原本設定免費的材料卡或出售的產品卡，因為是親子共玩的遊戲，所以不妨用兩次擁抱、一個笑話這種抽象式的貨幣來增加親密關係與遊戲樂趣喔！

❹ 把從起點到巧克力工廠當成第一階段，巧克力工廠到終點是第二階段，連結起來這條長長的路途或歷程中有許多的關卡，可以和孩子一起討論和計畫。爸媽除了記錄，也幫孩子確認關卡順序，使遊戲更精緻化，例如若遇上好事前進一格後，卻碰上暫停一次就前後矛盾，所以要把順序調整得更仔細一些。此外，走到「禮物」這格時抽一張材料卡，看上面註明的取得金額，有的直接免費獲得、有的則必須花錢才能擁有。

❺ 孩子可以在遊戲板上畫圖或貼貼紙或做其他平面裝飾。

人物特性：

玩家「貓戰士」「Cookie 貓」和「狗騎士」「Luna 狗」本來就各有一個獨家材料配方，他們可以在過程中使用。在遊戲過程中，當玩家「貓戰士」遇到「Cookie 貓」則成為同一組，玩家「狗騎士」和玩家「Luna 狗」則為相屬的另一組，同組的錢幣卡和材料卡可以一起使用。若直到巧克力工廠皆無法相遇，先走到巧克力工廠的另一玩家，需暫停直至另一玩家會合後，才能拿到巧克力工廠入場券，開始第二階段，完成後面

的關卡。

玩法：

❶ 將小立牌 4 個裝在袋子裡，一人抽出一個。從起點出發，每人每回合擲一次骰子，依照出現的點數來決定前進的步數。

❷ 每一個格子上都分別註明是地點、禮物或觸發的事件，不同的事件有不同的處理流程與細則，玩家彼此監督和查看確認。

地點	例如：巧克力店（可以在格子上貼或畫上巧克力品牌的標誌當做巧克力店）、實驗廚房（若走到這格，而手上有任一材料卡，可以交出一張材料卡換抽一張產品卡）。
事件	例如：遇到旅行團問路暫停 1 次；搭貨車司機的便車多前進 1 格；走路摔跤付醫藥費 5 元，若錢不夠則必須退後 3 格；遇到扒手被偷 10 元，若錢不夠則必須暫停 2 次等。
禮物	走到「禮物」抽材料卡（有的免費，有的須付費，若金額不夠則放棄，例如：可註明牛奶 3 元、薄荷免費等）。

❸ 當走完最後關卡，完全破關，還可以設計你們那組的巧克力公司 Logo（標誌）貼在終點的立牌上囉！

狀況：

❶ 若走不到實驗廚房，可以選擇在遊戲過程中暫停一回合去製作巧克力產品（以手上的材料卡換取一張產品卡）。當走到巧克力店時可以賣出賺錢，也累積金幣等到下次需要買材料或被處罰時才有錢可以用；有時會遇到困難或討厭的事物，可能要被處罰付出金幣，如果沒有

足夠金幣就要按照指令後退幾格，甚至暫停兩次。

❷ 當玩家「貓戰士」「Cookie 貓」「狗騎士」和「Luna 狗」成為同一組後，同一組中的一人丟骰子即可，但同組的兩人必須一起同步闖關。

重點

以終點式遊戲讓孩子在設計過程中便了解到：每個過程中所發生的事件都有可能在後來發生影響。比較特別的是，透過遊戲進行到第二階段兩人為一組的方式，讓孩子透過遊戲學會建立友誼的方式，有時需要等待，有時需要一起承擔，更重要的是所謂合作，是各自提供不同的貢獻，才能形成一個有意義的團體。

而在遊戲中安排金錢使用練習的部分，是因為小小孩對於金錢的概念很模糊，只知道五個一元比一個一元多，但對於大一點的孩子來說，金錢代表的意義就很多了，它可以滿足孩子許多的欲望。因此，該不該給孩子零用錢？以及怎麼給？常是一個親子間矛盾的問題。許多孩子不知父母努力工作、辛苦儲蓄的過程，以為錢要用的時候一定會有，曾經聽過一個笑話，孩子吵著要買東西，媽媽說身上沒帶錢，孩子跟媽媽說：「你騙人，明明去提款機領就有了。」因此從小建立正確的金錢觀，在學齡後給予適當的零用錢，讓他們可以自由且管理金錢是必要的。透過遊戲學習，先付出、再收獲的過程，讓孩子較懂得珍惜手上現有的金錢，而不隨便花費。

此外，學習忍耐一下錢更好用，在《先別急著吃棉花糖》一書中也提到懂得儲蓄、累積財富的人，以後得到的會比原本的多更多。當孩子從遊戲中潛移默化認知到正確分配金錢的概念，會更懂得儲蓄以達到自己的期望與夢想。

 **身體律動篇** 兒童瑜伽「海龜」（龜式）

練習

❶ 坐在地上，將雙腳往前伸展。

❷ 彎曲膝蓋，將雙腳略略張開。

❸ 將雙手合十（合掌）。此時爸媽可以說：「我們要開始變身成
　　小海龜囉！」

❹ 將左右雙手分別伸進左右膝蓋的內側。

❺ 放鬆肩膀的力量，輕鬆地伸展手臂，將身體往前傾。此時爸媽
　　可以說：「小海龜呀！可以在海底游泳、也可以在地上慢慢爬。
　　但無論去到哪裡，龜殼這個家永遠都與自己不會分開！我們要
　　不要一起讓手腳動一動、試試看背著家怎麼走呢？慢一點也沒
　　關係喔！」

❻ 慢慢地回到原位。

效果

柔軟肩膀和髖關節，讓身體靈活。促進副交
感神經系統的運作，放鬆身心狀態。大人多
做此動作，除了可以讓身體舒暢、心情平靜，
更能預防坐骨神經痛。

> **注意**
> 在練習的時候可以
> 將注意力放在感受
> 呼吸，透過平緩的吸
> 吐，穩定心情的效果
> 會更好喔！

書名	《媽媽的紅沙發》	《爺爺的生日禮物》	《花婆婆》
作者	威拉·畢·威廉斯	正道薰	芭芭拉·庫尼
出版社	三之三	大穎文化	三之三

閱讀學習單 神秘禮物練習

先進行一種想像的海底旅行。可以跟孩
子這樣說：「想像你來到一個美麗的海
岸，岸邊準備了你的潛水衣，你穿上之
後便跳入水中，開始了你的海底旅行。
潛入水中，你發現一路上有美麗的熱帶
魚、珊瑚礁、海草、龍蝦……正當你覺得有點累了，發現前方有個水底
岩洞，你游進去、找到出口，沒想到從水面浮上來的地方是個小島；並
且遇見有人送給你一個禮物。你接受禮物，再次潛入水中、穿過海底洞
穴，回到最初開始的地方。」請記得說故事的聲音與速度要溫和緩慢，
再請孩子畫出這個禮物和送禮物的人。

關於「快樂」，給爸媽的延伸閱讀

從心流找到熱情

心流（flow）這個專有名詞是美國芝加哥大學契克森・米哈賴博士所創造的，是指人在專心投入某個過程的狀態。處在心流之樂的時候，你會完全專注在當時所做的事情，渾然忘我。當活動的挑戰性與我們的能力相當的時候，最可能產生心流的狀態；太簡單不會全心投入；太困難則容易使人放棄。心流的觀念用完全不同的觀點看待快樂，它主張心流經驗越多，會越快樂，也就是說無關安逸或成功，而是積極地參與當下。也就是說快樂是一個過程，但大部分的人以為快樂是一個結果，總是告訴自己說：等做完這件事或得到這個東西之後，我就會快樂了。快樂更像是享受一趟旅程，而不是抵達終點，完成目標。

讓愛永不止息

許多人在參與需要創意的活動時會有心流經歷，這也是為什麼培養興趣不但可以激發孩子的熱情，往往也可能成為他們交朋友的橋梁，有夢想而活得興高采烈的人是快樂的。運用在維持關係或增進感情上，也是相當適用的。美國石溪大學社會心理學家亞瑟・艾倫的研究發現一

起做新的、令人興奮的事情可以增進長期關係，但一起做「滿足」卻不是「新」的活動則無法重燃熱情。偶爾的小旅行、戶外活動、享用美食或者只是看場電影、玩個遊戲，就算只是傻氣地嘻嘻鬧鬧，都絕對象徵著一起享樂與慶祝的正向意義，這比支持或需要的訊息來的輕鬆、沒壓力，使得彼此的關係更為親密。

從快樂到更快樂

「助人為快樂之本」是每個人從小就熟知的一句話，但真的是這樣嗎？我想，只有做了才知道能夠主動關心別人的需要與期望，比較能超越自我中心的觀點，於是擴大了視野、心胸也更開闊，而這樣的正面能量會使我們更樂於助人。相反地，比較不懂得為別人著想的人，通常也比較不快樂，形成惡性循環。所以如何把經營親子關係變成快樂的志業呢？不妨思考一件對方最期待你一起陪伴的事，想像你完成之後自己會油然而生的喜悅感，感受到了嗎？一切就從現在做起，一起一次又一次地將人生這幅拼貼畫逐步完成吧！

這是一個三天的週末旅行，有六個觀光地區可以選擇，六區的照片與特色分別如下。

你覺得在哪些地區度假最快樂？可以選擇在 2 個地區停留個幾天，記得，總共只有 3 天的假期喔！

第一個想去 ＿＿ 區 ＿＿ 天，因為 ＿＿＿＿＿＿＿＿＿＿＿＿＿＿

＿＿＿＿＿＿＿＿＿＿＿＿＿＿＿＿＿＿＿＿＿＿＿＿＿＿＿＿＿＿＿

第二個想去 ＿＿ 區 ＿＿ 天，因為 ＿＿＿＿＿＿＿＿＿＿＿＿＿＿

＿＿＿＿＿＿＿＿＿＿＿＿＿＿＿＿＿＿＿＿＿＿＿＿＿＿＿＿＿＿＿

週末小旅行 3 天之旅，任意選 2 種搭配

第一個 A 區：保有原住民的傳統舞蹈、音樂與繪畫，喜歡畫畫與寫作的人都喜歡到這裡度假找靈感。

第二個 B 區：居民個性和善，樂於幫助旅客，重視教育環境，晚上還有社區所組成的互助巡邏隊。

第三個 C 區：居民積極熱情，這裡到處是高級旅館、飯店、遊樂場與球場……很熱鬧，企業家、律師與名人常來度假。

第四個 D 區：居民冷靜保守，做事情有條理，這裡的建築物很現代化，是最先進的都市設施、各種資訊與金融系統。

第五區 E 區：保有天然的自然景觀，有動物園、植物園和海洋館，居民體力很好，大多會自行種植蔬果、裝修房子等。

第六區 F 區：遠離了人群，環境很適合觀察天象、自然與沉思。居民大多從事研究，與哲學家、天文學家、心理學家交換心得。

這個測驗除了了解孩子的個性，也可以幫助爸媽更加了解什麼樣的學習環境適合孩子喔！

但提醒爸媽在為孩子選擇就學環境時，要拉長觀察時間，列出在意的指標、考慮過程不應太匆促，最好能有三個月以上的時間去觀察計畫就讀的幾個學校。和孩子在聊天中充分討論，親自帶孩子到校園走走，都有助於讓爸媽進一步了解學校，並讓孩子提早適應。不過，爸媽也應有心理準備，不論最後選擇哪一類學校，都有可能會面臨到不同的問題，當孩子無法適應學校時，父母都應先思考孩子的內在動機為何，才是為孩子解決問題的大智慧喔！

A. 藝術感性型：

心思通常較爲細膩、敏感、喜歡天馬行空地構築美麗的夢想。對於透過音樂、藝術、寫作或戲劇去體現自己的內心感受的能力很強。個性上有時過於自我，尤其討厭被限制住的感覺。

選擇在學習上較獨立作業的環境較適合，但課後則不排斥團體活動，通常與同儕相處時十分隨興。

B 包容隨和型：

通常較沒有企圖心，個性包容力強，喜歡多嘗試，透過師生間情感的交流、同儕的合作，在和諧的氣氛下會更集中注意力，增進學習效率。

選擇遊戲式學習或團體分組爲主的教育環境，可以更激發學習樂趣，並提高參與的積極性。

C 活潑外向型：

不畏懼挑戰，比較喜新厭舊，個性較爲活潑外向，喜歡在團體中扮演主動積極的角色，希望大家都能聽到他的意見。比起安靜地坐著聽別人說話，更喜歡唱唱跳跳、邊做邊學的課程。

選擇戶外教學或探險遊戲出現在課程安排頻率較高的學習環境，對於靜態活動常提不起勁。

D 謹愼低調型：

重視生活中的規律和秩序，個性腳踏實地、責任心重、喜歡清楚地被告知學習的目標，喜歡有條理的事物，不過個性可能較爲呆板，變通性比較低，對自己的要求相對較高。

選擇按部就班的學習環境較爲適合，對於益智型遊戲的解題、語文練習或數學邏輯可能有較高的興趣。

E 實用穩重型：

通常情緒較爲穩定、有耐心，喜歡透過生活化的方式來學習，重視學完以後的實用性，能夠透過實際參與、完成作品、留下紀錄等活動，對於這類的孩子來說是成長過程中很重要的一件事。

選擇提倡從做中學的教育環境可能較爲適合，包含田園教學都可能是讓這個類型的孩子會愛上學習的原因之一。

F 專一研究型：

　　喜歡自己嘗試從探索、操作、實驗、遊戲的過程中學習，因爲可以挖掘自己的興趣，又能感受自信。但個性上較不在乎他人想法，不喜歡被指引或過多額外的教導，大人可以是陪伴和輔助的角色就好，在孩子學習告一段落時再給予建議，因爲在過程中說太多反而會對這個類型的孩子造成困擾。

　　適合選擇以興趣爲本位的學習環境，藉由孩子喜歡的材料、工具和活動在自行探索的過程中學會有時需要獨立操作、有時又需要和別人合作是最適合的。

請你按照直覺，覺得這個男人說了什麼使這個女人臉上綻放笑容？

A. 這個想法很棒！我覺得很適合我們，我喜歡妳的這個提議。

B. 有時間能夠多相處真好，我很高興今天可以一起吃晚餐！

C. 謝謝妳讓我知道妳不喜歡我這樣做，下次我做決定之前一定先問過妳。

D. 雖然妳沒說什麼……感謝有妳，這件事因為有妳的幫忙才能順利完成。

E. 聽到妳說妳喜歡我們現在相處的方式，我也很開心。

找出自己重要的核心價值，什麼是你最需要？

知道問題，找到答案，情緒不是阻礙，而是資產！

A. 欣賞

當你的想法、感覺和行為的價值被肯定，需求被滿足。當你的想法、感覺和行為被忽略，會特別刺激你的情緒。

B. 連結

當你感覺被友善對待或拉近彼此的距離，會特別感受到正面情緒；當你覺得對方跟妳保持距離，會覺得需求被忽略。

C. 自主性

當別人尊重你做重要決定的自由，你會覺得需求被照顧到；當你覺得被干涉或沒被先問過，會覺得自由被侵犯了。

D. 地位

當你應得的地位被肯定，你會覺得需求被滿足；當你覺得在對方心中你的地位可能比別人低時，會覺得很挫折。

E. 角色

當你覺得現在做的事情適合自己，需求會被滿足；當你覺得當下在做的事情並不是你想做的，會覺得特別有情緒。

我們自處或是與他人溝通時，有時會感到情緒特別的強烈，光是叫自己把負面情緒轉成正面情緒，或是試圖忽略，往往都是無效的。因為情緒來了就是真的，它便在當下，你無法忽視它；但處理完所有的情緒再去做事更難，因為花時間又讓人疲憊。如果能專注在某些核心需求，能使互動的雙方較容易分享彼此的感覺和想法；即使不一定同意彼此或是滿意自己的表現，但我們仍會感謝對方或自己在過程中的付出。

因為創造改變，不一定代表「解決」所有的問題，而是滿足「彼此」的需求；有些衝突來自於我們的天生差異，只有打開自己的心胸，創造一個安全的環境，願意傾聽和考慮任何的想法，肯定不同的意見都有其存在和被表達的自由，我們才能重新信任自己，珍惜感情。

合作的開始

本書遊戲審訂人・遊戲設計師　賴志豪

　　我之所以會跟寶慧老師合作，是起於一款全年齡取向，針對體感互動所設計的卡片遊戲，因爲寶慧在協助測試的過程中突發奇想，改爲針對親子互動的教育與遊戲需求進行修改，於是調整後適合親子共同參與的這款互動遊戲也出現在《今天我們來玩什麼？》一書中（Part1 第四篇的表情與動作遊戲），進而開始了此書其他遊戲審定的合作。

遊戲性的調整取向：

　　書中大部分的遊戲，爲了保持親子互動的原則，因此著重在於能讓孩子們樂在其中的簡單規則，卻又能讓家長們享受親子遊戲樂趣的潛在元素。期待親子能藉由隨手可得的材料；簡單易懂的規則；在想像力與創意的啓發中，培養親子間的默契與親密度，並且能創造有質量的輕鬆時光。

親子遊戲的平衡性：

　　本次的合作既輕鬆又困難，和設計桌遊與數位遊戲不同，我們反倒可以專心以遊戲性本身做設計，而不用煩惱美術設定的優美、程式編寫、音效編輯等要素，這對於遊戲設計者本身來說是相對輕鬆的，然而其中的困難點在於，如何藉由遊戲性本身吸引孩童的注意力，以及大人對於遊玩興致的延續，這在遊戲的平衡性審定中，是最難調整的部分。好在寶慧本身對於親子遊戲所需求的要素極爲了解，故而對於遊戲的審定過程並沒有太多的困難。

　　很榮幸受邀在遊戲設計過程中與寶慧合作，也十分開心能完成本書的遊戲審定。期待書中的遊戲都能讓家長與孩童得以享受親子互動的樂趣與時光。

國家圖書館出版品預行編目資料

今天我們來玩什麼？；創作、遊戲、律動、閱讀，全面引領出孩子的智性
潛能／邱寶慧 著.
-- 初版. -- 臺北市：方智, 2014.09
240面；17×23 公分. --（方智好讀；59）
ISBN 978-986-175-362-1（平裝）
1.親職教育 2.兒童心理學

528.2   103011712

http://www.booklife.com.tw   reader@mail.eurasian.com.tw

方智好讀 059

今天我們來玩什麼？

──創作、遊戲、律動、閱讀，全面引領出孩子的智性潛能

作　　者／邱寶慧
插　　圖／藍琦雲、邱寶慧
發 行 人／簡志忠
出 版 者／方智出版社股份有限公司
地　　址／台北市南京東路四段50號6樓之1
電　　話／（02）2579-6600・2579-8800・2570-3939
傳　　真／（02）2579-0338・2577-3220・2570-3636
郵撥帳號／13633081　方智出版社股份有限公司
總 編 輯／陳秋月
資深主編／賴良珠
責任編輯／柳怡如
美術編輯／李家宜
行銷企畫／吳幸芳・林心涵
專案企劃／賴真真
印務統籌／林永潔・高榮祥
監　　印／高榮祥
校　　對／賴良珠
排　　版／陳采淇
經 銷 商／叩應股份有限公司
法律顧問／圓神出版事業機構法律顧問　蕭雄淋律師
印　　刷／國碩印前科技股份有限公司
2014年9月　初版